愛・生命
說・故事

編著　伊利沙伯醫院
採訪及撰文　陳勝藍

目錄

序一

醫護團隊構思和製作這本書，是希望藉着愛滋病病毒感染者真實的遭遇和經歷，去勉勵其他感染者和遇到困境的人；即使他們遇到很多困難和挫折，始終都可以適應和克服，重新出發。

大眾對愛滋病的醫療進展可能還是一知半解，甚至會覺得很驚訝。其實，抗病毒藥物（俗稱雞尾酒療法）的廣泛使用，在治療愛滋病方面，產生了巨大的突破。現今愛滋病已不再是絕症，早期診斷的感染者平均壽命跟一般人相若；除此以外，服用抗病毒藥物可有效預防病毒傳播，例如已接受治療的女性感染者可誕下健康活潑的嬰兒等等。本書透過真實個案和各種疾病小知識，期望會帶給大眾更全面的資訊，並消除社會對愛滋病的誤解和歧視。

伊利沙伯醫院在參與愛滋病病毒感染者的治療和照顧上，是頗具淵源和不遺餘力的。一九八五年，香港發

現首宗愛滋病病例，楊永強醫生和李頌基醫生，是首批香港醫生在伊利沙伯醫院提供愛滋病治療服務，由於當時是一種新發現的病毒，治療時遇到相當巨大的困難。轉眼間，本醫院已為愛滋病感染者提供服務超過三十年，醫護人員依然緊守崗位，除了提供適切的治療，還給予感染者及其家人心理和生活各方面的支援。不少感染者在發病時未能獲得家人及朋友的支持和體諒，醫護團隊的支援就是他們最後和最信賴的安全網，令他們的生活重回正軌，這是我們最大的目標和使命。

製作這書時遇到大大小小的難題，大家曾經想過放棄，到最後能順利完成，着實非常感謝我們編著組的努力和付出、每位感染者坦誠的分享和本書製作費捐贈者無私的支持和奉獻。

李文寶醫生
伊利沙伯醫院內科部顧問醫生

序二

　　愛滋病是人類歷史上獨一無二的疾病，醫學上短短十多年間，這個病便從感染後必定死亡，到發明了十分有效的治療方法。社會層面上則普遍夾雜着對感染者的道德判斷和爭議，令病人以至家屬需承受額外的負擔與壓力。

　　根據衞生署的監測顯示，香港在過去三十五年已累計呈報了一萬宗愛滋病毒感染個案。但是每宗病例，代表一個人生，而不單是統計數字或圖中的點。

　　這本故事集，正正匯集了不同愛滋病毒感染者的生活經歷。他們的故事不盡相同，不僅有失落、絕望、責備和內疚，而且還有愛情、勝利、寬恕與希望等等，突顯了愛滋病毒如何改變感染者的命運。

隨着治療方法的進步，一名感染愛滋病毒的母親可以預期自己的寶寶將免受愛滋病毒的威脅。如果儘早接受治療，感染愛滋病毒的人都將擁有接近正常的預期壽命。當病毒載量低至無法檢測時，他還知道自己對伴侶的傳播風險極低。這種種對感染者來說，是不幸中的鼓舞。

我希望本彙編可以幫助讀者多些認識和了解愛滋病毒感染者，並進一步促進社會對感染者的廣泛接納。

黃加慶醫生
香港衞生署衞生防護中心總監

序三

　　本港首宗愛滋病在一九八五年診斷。當年社會普遍對這個「世紀絕症」認識不多，除恐懼受到感染之餘，亦對有導致感染 HIV 行為的「高危」人士帶着歧視心態。到二〇一九底，本港感染 HIV 的累積人數已突破一萬，而發病人士亦超越二千。香港作為一個旅遊及交通頻繁的樞紐城市，愛滋病的蔓延可以説是受到相當程度的控制，這有賴於本港健全的醫療系統、政府對愛滋病威脅的重視，及民間組織的積極參與及配合。然而，在三十五年間，雖然在抗病毒藥物的發展上取得了重大突破，令愛滋病不再一定是絕症，亦有效減低受感染人士繼續傳播病毒的機會，但本港新發現受感染人數仍然持續上升，不少人仍迴避測試而延誤治療，而社會對受 HIV 感染人士仍存有不少標籤或歧視的態度。

　　要達到有效控制愛滋病在本港進一步蔓延，及減低其對受 HIV 感染人士身心的影響，本港仍要克服不少的挑戰，並推行多方面的對策。首先，本港的愛滋病防治策略要與時並進，吸取世界各地的成功經驗，及針對本港及鄰近地區的疫情演變而制訂。另外亦必須廣泛採納

多元化及適切的預防方案，協助有不同社會背景及活動模式的重點人群緩減感染風險。更重要的是推動社會對重點人群及受 HIV 感染人士採取更包容及支持的態度，從而減低他們對進行測試及接受治療的心理障礙。

政策官員、醫護工作者以至一般社會人士，如果對受 HIV 感染人士的心路歷程及所面對的困難有更深刻的了解，當然有助他們推行更貼切和較易被接受的預防及醫療方案。《愛·生命 説·故事》這本書正好填補這方面的空白，讓受 HIV 感染人士能夠現身説法，分享他們的不同經歷，以及如何克服各種困難和挑戰。透過書內十多位病友的故事，我們可以了解不同背景人士感染 HIV 的複雜個人及社會因素，更可體會到家庭及朋友的支持、信仰對於患者的重要性，令患者在面對愛滋病時能夠積極及有意義地生活。

李頌基醫生
香港愛滋病顧問局主席

推薦語

　　儘管現在仍未發現可以根治愛滋病的藥物或預防感染的疫苗，但已有藥物可以有效預防感染者發病成愛滋病患者。無奈，歧視卻是預防愛滋病病毒傳播最大的障礙，令感染者不敢尋求診斷，因而得不到適當的治療，並會繼續傳播病毒。

　　這本書是由擁有多年治療愛滋病經驗的醫護專家和團隊編著的真實故事集，感染者在書中分享這個病如何對他們身心造成影響。這些真實故事，突顯了諒解、包容與關愛，如何幫助患者重獲自信並恢復正常的生活。

　　無論是一般社會人士還是愛滋病感染者，我們都是社會的一分子，我們也應當以自己的方式作出貢獻。

梁智鴻醫生
香港愛滋病基金會主席

今次有幸讀到這本由伊利沙伯醫院愛滋病診所以真人真事編寫的《愛·生命 說·故事》一書，大大刺激了我想去拍一套有關愛滋病題材的電影。就正如這本書中的故事，不需要雕琢深奧的文字，但書中每一個故事，都深深打動着我。讀者看過之後，不妨提供意見，你會推薦哪一個故事，給我拍片拍成電影。至於我本人很貪心，因為裏面每一個故事，拍成電影，都會很好睇。

鄭丹瑞

監製、導演、編劇

從未想過面對愛滋病這個曾標籤為世紀絕症的病患者、伴侶和親人可有如斯正面、感恩的心；更沒想過他們可用這般風趣、幽默和「笑中有淚」的手法娓娓道出面對「晴天霹靂」的良方！「家」、「支持」、「接納」、「同心」原來可戰勝一切！值得一讀再讀！十個讚！

惲福龍

佛教筏可紀念中學校長

獨自走過
歷史

華哥是香港早期愛滋病患者，一直跟着歷史走，當時藥物又多又難入口，他捱得過，也沒給千奇百怪的併發症殺死。那年頭該病有「世紀絕症」之名，聞者色變，部分醫護人員層出不窮的歧視技倆他也捱過了。1996年香港引入雞尾酒療法，華哥是第一批用家，如今藥物由大堆頭變成一小顆，外界態度也由歧視轉為相對包容，可是同期病友大多不在了，見不着，他成為孤單的見證人，這些年來甚至不敢向兒子透露病情，一直獨自面對。

⋯⋯⋯⋯⋯⋯⋯⋯⋯⋯⋯⋯⋯⋯⋯⋯⋯⋯⋯

　　想當年華哥得悉自己感染愛滋病，感覺難受，但沒有呼天搶地，他在訪問中說得直白：「我不喜歡怨天尤人，自己做過什麼自己最清楚，不能說：『為什麼是我？』你自己知自己事，你做了不安全的事就有後果，不能抱怨。」看得開除了性格使然，也因為當時已屆中年，自忖本來就時日無多，「我哪有一百歲命？還有幾多年可活？唯有樂觀面對。」

　　轉介伊利沙伯醫院專科診所，當時這部門瑟縮於伊院一幢三層院舍的某個房間內，過不久便遷往附近大樓，本文主角見證該部門的演變，認識每代醫生、護士。他也曾跟不同年代的 HIV 藥物角力，最初服用第一代蛋白酶抑制劑（Protease Inhibitor），這瓶藥水氣味令人反胃，「聞」者色變，每次服食內心必經掙扎交

戰，若不服用身體崩潰，若然服用味覺受罪，每一次理智總是戰勝感官，最多與陳皮梅、嘉應子同服，情況就像喝中藥苦茶。此外還有現已停用的地丹諾辛（Didanosine）藥丸，很大顆，醫護建議壓碎服食，吃起來挑戰性不小於蛋白酶抑制劑。

華哥有感而發地說：「以前有些病人病情稍為好轉便自行停藥，產生抗藥性，你又辛苦別人又辛苦，所以我吃藥很乖，幾辛苦都捱過了。」其實他也有病人充當醫生的時候，早年愛滋病藥物劑量純粹根據外國試驗結果，須知道亞洲人個子較小，同一劑量往往吸收過多，他本人服食某藥丸後眩暈，於是自行由兩顆減至一顆，副作用消失，CD4 白血球指數又正常。將這點告訴醫護，對方也由得他，但千叮萬囑別轉告其他病友，每人體質不同，他行得通不代表別人沒事。

單是這個病倒沒拿他怎樣，併發症卻幾乎要了他的命，他試過由體重 160 多磅、36 吋腰圍大減至 100 磅以下、腰圍只有 28 吋。最凶險是腹部積水，鼓脹有如婦女十月懷胎，醫護也不明所以，只好見水抽水，他憶述：「實習女醫生替我抽，刺了個九筒出來——你知道打麻將的九筒嗎——刺了九針都抽不到，很痛，有個男醫生（現時伊院專科診所顧問李醫生）幫我抽，他說不知行不行，怎知一針就行。」另一次抽腹水適逢外國醫

療團隊到訪參觀，該團醫生説他們國家沒此個案，託伊院發現病因後還請告知。

也不知跟腹水有沒有關係，華哥曾因腹部有硬塊，劇痛入急症室，緊急動了開腹手術，醫生掏出腸臟排好，割除硬塊後放回腸臟。多次徘徊死亡邊緣，醫院一度通知其親屬前來探望，連往日甚少見面的都來了，所為何事大家心照不宣。有次專科診所羅姑娘主動替他剪髮，他口裏答應，其實心裏明白：「他們知道我時日無多，替我弄好儀容，當然不會講得太明白。」

不願人長久，只求多活幾年見證兩個日子，第一個是九七年香港回歸中國，華哥甚至在西貢擺下兩桌九七特價海鮮宴，專科診所鍾姑娘、社區組織的護士及病友都是座上客。結果他與香港一起過渡九七，腹水問題不知怎來也不知怎去，終於一走了之不復返，他也留下命來。醫護人員追問他吃了何方聖藥，他誓神劈願地説只吃醫院處方藥物。

上天似乎有意考驗這個人，對他的身體特別多考驗，愛滋病破壞免疫力，而免疫力太低可引發巨細胞病毒視網膜炎，他不幸患上了。最初醫生將眼睛特效藥放入鹽水靜脈注射，繼而讓他回家自行在牀上吊針，效果並不顯著。華哥包攬香港醫學很多個創舉，例如第一個

香港患者在胸口開了一刀安裝注射器，自己用藥粉混水，5 毫升、10 毫升、20 毫升地注射，每天最少兩次，治療眼疾，「當時要用紅白藍膠袋載藥，可想而知有幾多。」萬一刺偏了位置，藥水進入皮膚可導致發炎。另外還有條管道接駁注射器與靜脈，搞不好管道脫掉沿着血管走。

他是醫學進步的試驗者也是受惠者，進出手術室無數次，後來再捱一刀，在右眼眼底植入小型裝置（inplant），在眼球內慢慢釋放藥物，取代胸口注射，這治療方法使用至今，「我又是香港第一個做，全部拍了影片作醫學教材，你說我幾多奇遇！」手術有失明風險，但若不植入裝置，到了眼睛惡化一樣會喪失視力，有些病人想得太久做得太遲，手術失敗餘生失明，「我不怕，我交給醫護人員，我自己不了解，如果我不信人，將來受苦的是自己。」

針對種族及性別的歧視是最普遍的，疾病大抵排第三，由麻瘋、肺結核（肺癆）以至愛滋病，每個年代都有被人看不起的病，華哥病發於早年，處境尤其坎坷，當年去沙田某醫院看眼科，不論什麼時間登記，工作人員總是將他排到最後，待其他病人都看過了才輪到他這個人，到他也離開醫院，員工便可關門大清潔。

曾幾何時去油麻地政府診所求診，在詢問處遞上轉介信，職員用食指、拇指拈着信封一角，説：「你去 X 樓見醫生吧！」那年頭診所如此，公立醫院也不見得開明包容，工作人員很想標示某張牀的病人帶有 HIV，又不便寫明，於是挖空心思想出林林總總的方法，例如在俗稱排板的醫療紀錄貼上黃色紙。九十年代末期流行在牀頭畫上草莓、蘋果、橙等生果，當中以紅蘋果佔多數，用意一樣，明眼人自然知道，不明白的蒙在鼓裏。

一般留院病人進食時使用醫院餐具，唯獨愛滋病人的餐具用完即棄。話説回頭，除了回歸，華哥還想渡過 2000 年，結果千禧年沒啥特別，只是在此之後醫院摒除即棄餐具，不管患上何病，所有人餐具劃一。説到這裏他講解另一個遭遇：「譬如工作人員推我（坐輪椅）去照 X 光，又戴手套，但又不扶起我，推到房門口就走，你推輪椅哪用戴手套這麼誇張？對其他病人不是這樣，但 2000 年後（對待愛滋病人）仍是這樣。」

時至今日，歧視問題仍未完全消弭，「別説當時，現在都是，你看看這兒水牌，為什麼叫『內科診所』？就是比較隱晦，給病人安全感，保護私隱。」他在別處受冷待，在此感受溫暖，多年來跟上下員工都混熟了，剛才所説替他剪髮的羅姑娘請他回家吃飯，另一位姑娘結婚給他喜帖，然而當時腹水未退，腹大便便赴宴，明

明是姑娘辦喜事，有喜的卻似是這個人。另外醫生臨別餞行他也在座，又參加醫護火鍋、燒烤等活動及聖誕派對。

專科診所容不下歧視，華哥曾經參與病友互助分享，起初病友甚是抗拒，他說得慷慨激昂：「你的情況我經歷過，比你更加辛苦，你的感受我明白，姑娘沒有你這個病，我有，姑娘不知你的感受，我知道，你面對的和我面對的一樣，我能克服的，你也能夠！」他又加入社區組織做義工，接聽熱線，講解安全性行為資訊，並替對方約時間到醫院抽血檢驗。此外還參加多項社區服務，故此這些年來多次獲表揚，例如曾獲社會福利署油尖旺區金獎、年度十大義工等。

他勉勵病友積極面對人生，不要輕易放棄，尤其現在這個病的藥物進食方便，最少每日只有一顆，千萬不要自行停藥，「現在的病人很年輕，往後的路很長，我這些無甚希望，條路不知去向都過了二十多年。雖然未必有藥物根治，但它（現有藥物）令你保持身體健康，等待新的藥物出現，如果身體不好，即使有新藥物你都接受不到。」

在病友跟前循循善誘苦口婆心，一旦返回殘酷社會即三緘其口，即使面對好友也不敢透露病情，「這種病

不足為外人道，不是可以和別人傾訴的一種病，很好的朋友也幫不到我，所以我不會跟他們說，以免嚇怕對方，以後顧忌我，朋友都沒有了。」僱主待他不薄，看其精神萎靡，吩咐多加休息，手頭工作分配給別的同事，偶爾將他拉到一旁問所患何病，華哥推說糖尿病，肝臟也有事。

就是親生兒子也不知就裏，只知老爸身有頑疾，「雖然我沒告訴他什麼原因，但是我吃藥、吊藥、吊針、打針，他都看見了，我又這麼瘦，那段時間他覺得我很辛苦，但他幫不到我什麼。」跟病友沒有血緣關係反而好說話，親如兒子卻難以啟齒，可以拖延就拖延，直至身體揭竿起義，但覺隨時撒手人寰，此刻不說更待何時，一天兩父子一同覆診，他事先交託鍾姑娘向兒子講解一切，自己則在鄰房靜候，一言既畢父子再相見，兩個人都哭了，「他說這些年來我都是默默作戰，一個人面對，他知道我一直以來好辛苦，幫不到我，一路都靠自己支持。」

華哥身體五勞七傷，曾兩次跌倒，牙崩頭裂，腦部受損手骨折斷，兩次都要住院十餘天，自此落樓梯兒子總是走前幾級，即使老爸失足倒下也有倚靠。雖然身體飽受摧殘，性命總算保住了，沒有宗教信仰的他也自言上天待他不薄，「上天賜我一日，我就享受一日，明日

怎樣沒有人知道。我經常跟人分享，戴安娜漂亮了吧，萬千寵愛在一身，眨眼間死得不明不白，那你為何還要憂愁？每人一出世就面對死亡，什麼時候死卻沒有人計算得到，何必傷腦筋？」

有一次與旁人合照，時至今日照片中已有兩人不在，反而最枯槁憔悴的他活下來，「橫看直看死的應該是我，猜不到，所以生死哪可計算？」見證了九七回歸，渡過了 2000 年，喝了新抱茶，也當上了祖父，人生超額完成，自言再沒所求。2017 年 2 月伊院專科診所遷到新落成的日間醫療中心新翼，就在當年第一代愛滋病診所的同一位置，只是大樓由三層變成九層，他也跟着還原基本步，回到起點。其實人生死活何嘗不是這樣？「即使我健康差了要入醫院，要死了，那就死吧，就去面對。現在我還可行街買菜見朋友，開開心心過一日，很快就過一日。」

帶着平常心過日子，空閒與老友記飲茶相聚，珍惜時光。

HIV & AIDS

愛滋病 (AIDS) 的醫學名稱為「後天免疫力缺乏症」，是由人類免疫力缺乏病毒（HIV），普遍稱為愛滋病病毒，攻擊和破壞免疫系統的 CD4 白血球所引起。

愛滋病是指病毒感染者已經發病出現嚴重併發症，例如伺機感染和惡性腫瘤。香港最常見的兩種愛滋病界定疾病是肺囊蟲肺炎和結核病。如果沒有接受適當的治療，約半數的病毒感染者會於十年內發病為愛滋病患者，而藥物能有效預防病毒感染者發病成愛滋病患者。所以不是所有病毒感染者都等於有愛滋病。

輪椅上的
婚禮

白淑的愛情道路顛簸不平，情郎比她年長二十歲不是問題，對方之前有段婚姻生下子女也沒什麼，然而中醫師與女病人發展成情侶則有點離經叛道。相處不久雙雙確診愛滋病，從此互換角色，醫師病情嚴重臥牀不起，原本做病人的白淑反過來照料他，醫患變成共患難，探病當作談戀愛。這些年來同甘共苦，畢竟苦澀佔多數，甘甜則是結成夫婦情證今生，新郎坐在輪椅上簽婚書，到後來他撒手先走，妻子也有個名份辦理後事。

・・・

九十年代，醫師先驗出患上愛滋病，不久白淑君體也相同，她憶述當時心境：「當然有交叉點，為什麼是我？但當時我沒空閒、時間接受這個病，我只想到身邊那個：『喂，大家領獎了，你要好轉，還要走，還要跑，別這麼快叮噹（時間到）。』」對方病發的確凶險，正常人 CD4 白血球數量介乎五百至一千，愛滋病病發會跌到二百以下，而當時中醫師的 CD4 白血球數量是單位數，免疫力全無，也扼殺了活動能力，軟塌塌的像泥巴躺在病牀上，白淑看在眼裏心如刀割卻不敢哭，「對着他哭，他也起不到身。哭一定有哭，背着他哭。」

她尊稱醫師為「師傅」，也指他固執得很，命懸一線仍堅持中醫治療，謝絕伊利沙伯醫院提供的藥物，白淑訴說當時情況：「當初真的不吃西藥，醫生拿他沒法，那你幹嗎霸佔病牀呢？醫生、姑娘替他洗腦，又不

可以說他的中藥不行，行，不過沒西藥快，雙併又西又中啦，你有你吃西藥，我有我在家煎藥拿過來，個巨人就要聽從。」

　　也難怪師傅抗命，現時愛滋病藥物每天最少可只吃一顆，多麼方便，那年頭卻有二十多顆，加上有些很大顆，他實在吞不下，白淑也擔心他勉強吞服氣絕身亡，只好竭盡心思將藥丸搗成粉末倒入膠囊，「我們中醫有這個常識，姑娘看得傻了眼，醫生當然不同意並說只有我們這樣做，我說這樣吃好過不吃，本來有十成現在只吃七成，總勝於七成也沒有。」師傅在伊利沙伯醫院躺了三個月，離開前白淑送上感謝卡，病房經理說：「不是你多謝我們，是我們很多謝你，我上班遲過你，你比我早到，我下班早過你，你仍然未走。」

　　師傅病情不樂觀，轉介到靈實醫院接受紓緩治療服務，白淑不放棄，跟他說：「總之我做好我自己的身分，你又做好你自己的身分，大家合謀。眼前兩條路，要不出去，要不倒下，你選擇什麼？選了你要努力、奮發，我配合你。」首兩個月吊點滴保命，其後漸入佳境開始進食，另一半的責任也倍增，「我很勤力，一日煎幾劑藥，又要準備燉品、飯菜，你不會想像得到一個小女子怎樣頻撲辛勞。」然而對方不是省油的燈，有時見她遲來十分鐘也埋怨一番，她說：「病人脾氣很大，我忍受

你不代表我萬能。我向你發脾氣等於自找麻煩，即是說我只能忍讓，但我也會爆炸，我也有情緒嘛！」

回想二人相識之初她小鳥依人，嬌弱幸福，「以前他削蘋果給我吃，今天在靈實醫院我削給他吃；以前我不會下廚，他弄給我吃。我就像現在的港女，燒水？我不懂啊；買菜？你去啦，我在門口等你，買完你出來找我。後期你看見我燒飯、帶飯、帶菜和火鍋。」師傅是老饕，醫院飯菜沒啥味道，勞煩她準備釀茄子、雞翼等美食，「弄不好吃？慢慢就好吃，別依賴人，依賴人因為懶惰，我是懶惰，但當你知道無可依賴的時候就要精進。」她有很多金句，就像這句：「唔得都要得，有乜食乜（不行也得行，有什麼吃什麼）。」

別忘了白淑本人也是病毒感染者，可幸定時服藥而從未病發，「吃藥的過得一日得一日，不吃的提早報到與人無尤。我只知道自我鼓勵，我一定不能病，我還要照顧他。」對方在靈實醫院待了九個月，她每天探望，二百七十多天只有三天缺席，當中兩次颱風襲港，一次掉石擋路，「日曬雨淋我也去，如果我跛腳兩日他就會斷糧。後來我要買零食去，百力滋啦、去百佳掃貨啦，他吃吃吃，隔兩日又去掃貨。我有我要做的事，所以我不可以病。」她千方百計令對方多吃一點，自己則每日啃兩個麵包，一天靈實醫院向她頒發傑出獎狀，「我讀

書未曾得過獎狀，你說是否很好笑，那次真的開心。」

　　她給自己一百分，對得起伴侶有餘，同時要求對方也要有所交代，戰勝病魔，「你都要盡本份，回應一下，不能夠你有求必應，我就有求無應。」靈實醫生透露師傅不時撐着枴杖爬樓梯，勤加苦練卻不讓另一半知道。白淑見病友送親人到樓下搭車，羨慕不已，但願他朝君體也相同，過不多時師傅體力恢復，果然辦到，「那份喜悅等同中了六合彩頭獎，你未經歷過不知道那份喜悅。」都說師傅不是省油的燈，稍為好轉便想吃火鍋，恐怕靈實醫院落成至今未曾有人在病房打過邊爐，白淑只好哄他康復出院吃個夠。

　　也只有他才想得出如此妙計，要求放假出院，返回家中小住一晚，如此一來就可以吃火鍋了。一約既定萬山無阻，對另一半來說火鍋不是問題，家中凌亂不堪才令人頭痛，「我沒有做家務，家中亂過堆屎。我哪有時間做家務？每晚挖個洞就睡，醒來就出去買東西，我真的沒時間。」為了恭迎大駕，她借來輪椅、氣墊牀，師傅沒有自理能力，「吃喝玩樂在牀上」，吃喝拉撒睡她一手包辦。飯碗厚重，師傅捧着雙手顫抖，對方看在眼裏，傷在心裏，「當時我就知道任重道遠，真的要加油努力，我雙眼向個心講，他痊癒後你都要好好加油。」

可憐她日間奔波，晚上也不能睡，「我擔心他沒氣，一命嗚呼。我整晚探他鼻孔，哦還有氣。」做師傅的女伴慘過醫院女工，一天包攬三更勞苦放題，當下白淑求饒：「你放一日假好了，不要經常放，你放得多我死給你看！」假期過後她連睡三日三夜天昏地暗日月無光，「其實沒有三日三夜，因為要探病。一關一關就這樣過了，有回憶有經歷，但沒所謂開不開心，沒有好沒有不好，不好的走了，好的已經做了。」

師傅最愛上茶樓，每星期帶他喝一次茶，從而鼓勵他振作，出院後可以天天喝個不亦樂乎。同桌都是靈實醫院病友，義工不夠，家屬互相扶持，白淑會帶婆婆上廁所，桌上燒賣、雞扎味道及不上這份人情味。有人說接受紓緩治療服務有入沒出，病人大抵明白自己處境，白淑看得心痛，拍拍家屬說病人會好起來，對話雙方都明白這是善意謊言，真在心意，「我要平復人家情緒，我自己都是過來人。」

白淑胼手胝足照顧師傅多年，有天終於結為夫婦，從今以後有個名份替他辦事，「這把年紀結婚與否不是問題，已經生活很久，如不發病沒所謂，還不是一齊飲一齊食，反正走出來大家都知道我們是一對，但到了病發的時候就要給自己一個名份。人家問他是我什麼人，

當然是我先生,難道是我朋友,有朝一日他死了,我領取死亡證,『你是哪位?』妻子啊!我覺得有一個名份,有一個好 ending。既然走到這一步,可以做什麼太太就做什麼太太吧,能做多久大家都不知,反正不是要分身家,也沒有身家可以分。」

筆者問她是否有意沖喜,延續師傅性命,她說:「沖什麼喜?萬一沖了去(一命嗚呼)算在誰的頭上?」結婚是兩個人的事,與別人無涉,但若任何一方有前科,事情就變得有點複雜,「我先生之前有一段婚姻,所以很艱巨,我簽了個名,這個名份得來不易。」對方子女知道爸爸有病但不知什麼病,白淑壓根兒沒通知他們婚訊,「現在做一件事,只要你覺得安寧、美滿,心是喜悅的,我覺得就好,難道我要筵開十席八席叫你們來吃?」

靈實醫院設有教堂,一對新人本想請婚姻監禮人過來主持大局,然而所費甚巨,於是決定光顧婚姻註冊處,要求只有一個:「我跟登記官說,我要當天最後那個時段,別人辦喜事看見我們兩個就不好了。待眾人走了,清了場,我們在最後一個時段進行。」除了證婚人、伊利沙伯醫院專科診所及靈實醫院護士各一,在場就只有一對新人,白淑披上旗袍,師傅也換上恤衫、西褲,

他不良於行，坐在輪椅上將大名以及餘生押上。

禮成坐花車返回靈實醫院，院方準備了偌大的病房開派對，門上貼了雙喜，出自護士手筆，「我覺很好笑，姑娘們真有心思，每一道門都貼雙喜。他們的心意我一生一世永遠記住，金錢買不到。你給我一千元、兩千元人情，轉眼煙消雲散，但一分、兩分心意，奉獻給我的愛，我真的很感恩。」堅強半生的師傅也流下男兒淚，伊院專科診所護士于姑娘送上鮮花，白淑感激兩間醫院，「完成我的心願也好，完成他的心願也好，很多謝他們。」

口裏不認結婚沖喜，事實最坦白，婚後三個月師傅出院了，另一半也放下擔子，「好了明日不用大籃細籃、拿尿片拿飯菜上來，走少了這條路真的很開心。」白淑走少了艱苦的路，對方卻走多了，他甚至棄掉拐杖，往後覆診出入都靠一雙腿，強人、巨人正式歸位。老饕重返社會首先吃好東西，同時調理身體，最重要還是重操故業懸壺濟世，才有錢吃好東西。看電視《鏗鏘集》，一名靈實病友牧師隨肝病而去，「我們有機會走出來真的是賜福。」

她訴說：「師傅比我大二十年，最初就像爸爸牽着

女兒，我當作服侍老爸。他好的時候是我老公，不好的時候是我爸爸，他發脾氣的時候我是女，我發脾氣的時候？我當然是皇太后啦，我勢不低頭，三日三夜不和他說話。其實我是硬的，後來不會了，在他大病過後對他強硬有何益處？只有兩敗俱傷，我做順民吧，即是做回他的媽媽：『哦，好啦，乖，去吃飯啦！』」多得她，師傅由死轉生加時再賽，吃喝行醫足有十一年才登仙而去。

白淑今生使命照顧別人，送走老伴之後迎來小孩，原來其弟提供寄養服務，做姊姊的幫忙照顧兒童。「師傅離去後這麼多年，上天幫我安排了道路，當時我姪兒幼小，我接他放學教他做功課，這樣去掉我幾年光景。如今姪兒上中學了，我又開始帶別人的小孩，是不是另外一個新開始？」

照顧老人與小孩有何分別？「都是一樣。照顧老人家，他孤苦無依也好，沒有能力也好，我都要做到最好，因為已經是最後一步，即使他是壞人一個，到現在這個時刻他倒下了，需要你協助。小孩子們，你不乖我教到你乖，你能力不高我盡自己所能。他日回到你的父母懷抱，你記得我也好，不記得我也好，這段時間我盡了責任，問心無愧。孩子總有一日要走，你不身教，豈不是街上多了一個壞人？」

屈指一算，眼前這個小孩是經她手照顧的第三個，受語言遲緩及過度活躍症雙重困擾，需定期到健康院檢查，「你們怎樣照顧他的！」醫護喝問：「怎麼他進步了這麼多？」白淑眉飛色舞，「真的開心到不得了！不是我認屎認屁，雖然他只三歲半但已經懂得寫到 4 字，1234，rainbow 他又識，全部顏色的英文又識，大楷 A 大楷 B 全部廿六個字母倒轉來都識。」

　　師傅生前說過但願來生再做中醫師，白淑則希望下世繼續照顧別人，不過她會用功多讀點書，做醫生、護士。一直在說照顧別人，筆者問她怎樣照顧自己，她說：「你見我還不是人一個，你不需要經常標榜我有這個病，只要報告是穩定的，你求什麼，一百歲麼？不用客氣，不要帶給別人麻煩，自己保護自己吧。」別人都倚靠她，她卻不想倚靠人，「我自己做到就自己做。」

　　師傅、寄養小孩有她，她卻只有她自己，筆者擔心這個人老來無依，「不用怕，有病入醫院，有必要就留醫，留醫走得快好世界，千萬不要牽掛，累己累人。我跟姑娘說，他日我有什麼事不用急救，我跟她們說了，但大家未同意，未知心腹事，但聽口中言。你說我消極嗎？我不是消極，我是積極，我告訴你人到最後是要尊嚴。」

愛・生命　說・故事

本文難以記載白淑所有人生智慧，金句也不能盡錄，最後這句：「活在今日，昨日過去的不要想；明日嗎？我穿上對鞋就有明日，你這樣就輕鬆一點。」

師傅最愛的玩意。
世事就是一個圓，以平常心面對。

愛滋病病史和流行病學

研究人員估計在二十世紀初期，病毒從黑猩猩傳播到住在非洲中部的人類。全球第一個確診的愛滋病病例，可追溯到 1959 年在剛果民主共和國死亡的男子血漿樣本。1981 年 6 月 5 日，美國疾病控制中心報道了美國加州有 5 名過去健康狀況良好的男男性接觸者，罹患了只有免疫力不全患者才會得到的肺囊蟲肺炎，自此為席捲全球的愛滋病疫情正式揭開了序幕。香港於 1984 年發現首宗愛滋病病毒感染個案，而於一年後確診首宗愛滋病。

自愛滋病疫情開始以來，全球已經累積超過 7000 萬人感染了愛滋病病毒，已約有 3500 萬人死於愛滋病。至於香港的情況，根據衛生署衛生防護中心信息，從 1984 年至 2018 年之間，愛滋病病毒感染呈報個案累積至 9715 宗。在世界各地，愛滋病病毒主要是透過性接觸傳播。

來自星星的病人

信不信由你，健仔擁有轉世前的記憶，投胎前決定此生淡泊，不為金錢、名氣營營役役。一約既定，萬山無阻，上天收到這張訂單後隨即開始生產工序，只是命運安排有點特別，先送他血友病，再來個愛滋病，拖垮了身體，果然不能奔逐名利。人生如棋，落子無悔，健仔依着這個生命藍圖，像星星發亮。

據健仔説，他記得轉世過程，話説當時他的靈魂不知從宇宙哪個角落冒出來，快速飛行，通過一條藍色管道，瞬間來到地球之外，清楚看見整個地球的形貌。就在該處有個男人等着他，這人面向地球，以背部示人，容貌不可辨，這裏姑且稱之為使者。

當下健仔停下來，使者首先發話，問道：「你去到地球之後，想做一個怎樣的人？」健仔但願一次過滿足三個願望，答道：「我希望做偉人，有錢有名氣又長命。」自古偉人多早逝，更未必有錢，可能這個叫價實在兇了些，使者拒絕了。健仔覺悟到這像是個評分機制，可能他還沒資格做偉人。

開天殺價不行，只好退而求其次，健仔説：「沒有名氣不打緊，最緊要長命一點，做個平凡人，安安穩穩過一生，不用辛苦賺錢。」他着實不懂討價還價，這次落地還錢也兇了些，使者立即答允，健仔未及打話，但

覺自己向下疾衝，穿過雲層來到地球，來不及看風景，眼前是個屋頂，也不知是醫院還是住所，總之俯衝下去，感覺很可怕。穿過屋頂之後再沒畫面，漆黑一片。

健仔誓神劈願這段記憶千真萬確，或許孟婆湯失效，他出生後仍記得這麼多，又或許讀者認定他發夢，任君解讀，本文試圖探討如此一個人怎樣看待血友病以至愛滋病，無意導人迷信。故事發展至此健仔做回凡人，然而這個凡人有點不尋常，關節時常腫痛，劇烈運動划不來，到後來才知這叫血友病。

他的血液缺乏第八凝血因子，不時自發性出血，痛極難睡，媽媽背着他跑到急症室，即使注射藥物也要一周後才見效，難得他天性樂觀，上體育堂跑步奉旨高掛免戰牌，但覺休息一下也不錯，即使請假入醫院也不覺得怎樣，他說：「我多數入住伊利沙伯醫院，大約一個月入來三次，每次住一至三個星期，看見很多小朋友、嬰兒，嬰兒住在氧氣箱，我又覺得自己沒有什麼問題，大家沒有分別，都是入醫院。」

來自星星的他對這個地球很好奇，入院登記的時候總是要求近窗那張牀，他解釋：「我可以看風景，又可以看見媽媽來探我的時候在樓下走過，很辛苦的樣子。」即使他沒有住院，他的媽媽也不辭勞苦地每天早

上送他上學，之後回家弄飯，中午送到學校給他，下午又接放學，每天往返三次，風雨不改。

健仔這個外星人沒有侵襲地球，反而被地球病毒侵襲。他由八十年代初開始注射第八因子補充劑，該劑品由血液提煉而成，大大改善血友病人情況，未料部分血液來源含有愛滋病病毒，因此個別劑品也受污染。香港有六十四個血友病患者因此感染愛滋病，健仔不幸成為其中之一。

以血友病患者來說他的病情算嚴重，愛滋病病毒感染則控制得當，而當時這病的藥物副作用大，等閒並不用藥，只定期驗血觀察病情，直至 CD4 白血球數量處於低水平或出現併發症才吃藥。饒是如此，當時未有雞尾酒療法，健仔聽說愛滋病人只能活七年，護士又不時說起某位病友過身了，他也自忖時日無多。死不可怕，只可惜地球之旅行程太短暫，所以任何療法都願試，吃過人蔘等中藥，大不了藥石無靈，外星人接走他。

一天晚上八時許，窗外突然湧現金光，直比白晝明亮，卻不刺眼，光線穿牆過壁，家中一切盡變金色。反高潮的是健仔眼不見外星人，耳不聞聲音說話，只是不知何故左手自然地向着光芒伸過去，如此這般手背多了個印，他這樣形容：「好像地圖，咖啡色若隱若現，父

母都見到那個印，到了二十多歲時還有少許，不過現在長大就沒有了。」

他曾認真地查看其他小朋友可有手印，跟他遭遇相同，「我還以為好大件事，大廈附近的居民也看見這個情況，翌日報紙一定刊登這宗新聞，結果報紙、電視都沒有。」如果事件屬實，有理由相信外星人這場大龍鳳是為他度身訂造，至於金光是何物，手印有何用，仍是個謎，「可能外星人想看看我怎樣面對這個病，放棄自己抑或繼續努力生存。」

大抵他合格了，才沒有被接走，可是奮鬥過程絕不輕鬆，經常因病中斷學業，勉強讀畢小六便輟學，雖曾報讀夜校中一，無奈抱恙缺席大考，學歷永遠停留在小學畢業。爸媽愛子如命，劃了一道結界將健仔放了進去，不愁衣食住，唯獨缺行。爸爸既擔心他行動不便在外受傷，又不想別人知道他身染愛滋病病毒，於是限制他的行動自由，一起出外倒還可以，但要戴上護膝，而且藏在褲管內不為人知；單槍匹馬上街則萬萬不可，為防他逃脫，甚至反鎖大門。

健仔憶述：「我不怪父母，但經常懇求媽媽讓我出外。父母叫我不要告訴別人我有愛滋病病毒，其實如果不說，單從外表看不出。」自此他變成宅男，沉迷遊戲

機世界，爸爸盡量滿足其物質生活，不加阻撓。

　　健仔多麼想探索花花世界，無奈因身體所限被迫做宅男，他的弟弟明明身無頑疾，卻自願足不出戶，打從骨子裏是個宅男，哥兒倆性子南轅北轍。一次嬸嬸、堂弟來訪，健仔見嬸嬸與媽媽談天，此刻不走更待何時，於是帶着弟弟、堂弟逃出住所，害得大人四出尋找。一次他帶頭繞着水池邊遊走為樂，堂弟失足掉進水裏，做領隊的他捱了一頓大罵。

　　十八歲時他轉到伊利沙伯醫院專科診所接受治療，內科專科護士鍾姑娘向他父母說，愛滋病病毒感染者只要依指示服藥便可以活得很長，來日父母撒手塵寰，健仔不懂照顧自己，人際網絡又小，後果堪憂。鍾姑娘介紹他去社區組織做義工，又為他訂立目標，每日出外走路半小時。結界打破之後，媽媽買菜他請纓相伴；他有事外出，輪到媽媽相伴。

　　伊利沙伯醫院職業治療部舉辦「生命重整課程」，2011 年健仔開始參與，身邊不乏同病相憐的人，一樣從血友病演變到有愛滋病。他們與其他愛滋病病人不同，從小知道身患此症，幾乎用一生功夫來接受，可是缺乏相關知識，多數躲在家中，與社會脫節，生活圈子狹窄，不願走出安全網。

　　小組一共十堂，每堂要交功課，健仔久未上學讀書交功課，未曾想到現在他要完成的功課就是締造自身小小的突破。第一堂媽媽陪他上課，第二堂衝出教室，與父母出外吃飯，對這家人來說甚是罕有，但也稱不上什麼突破。第三堂健仔拋下一句：「媽媽，我要做功課！」便一個人從九龍乘船到港島區，這個突破卻又大了些，不過媽媽知道這是導師安排，很是放心。自此媽媽不再陪讀，但餘下的突破也少不了她，原來健仔早年考了車牌，只是極少駕駛，這時則會驅車載父母去西貢放風箏。好小子在完成課程後脫胎換骨，以前外出，媽媽誓相隨，如今只問一句：「什麼時候回家？」

　　一次健仔忽然問鍾姑娘：「你相信有外星人嗎？」那次轉世他向外星人使者許下承諾，雖然不曾後悔，但如果生命有 take two，他會如何選擇？他說：「上次說少了，我想健康一點！」其實為了處理自發性出血問題，鍾姑娘向血液科醫生建議，讓健仔注射預防性藥物，而非等到關節出血腫脹才治療，終於 2012 年起定期打針，每星期三次，每次八針，及後出血次數大減，加上職業治療、物理治療鍛煉肌肉，臨近中年健仔終於能夠照顧自己了。

　　事業方面也看見曙光，他開始擔任義務工作，「現在做義工滿足感很大，因為以前好像從沒做過什麼，現

在好像做到很多，雖然沒有工資，但好像有些職位。」

嫲嫲來港，健仔與家人外出團聚時，
第一次拿起相機攝下眼前美景。

努力工作，彌補被偷走的那幾十年，問他還有什麼憂慮，他的答案令人意想不到：「我的世界很簡單，最大苦惱是停電，不能用電腦，什麼都做不到。」以前什麼都不做才是人生，現在什麼都做不到卻是人生痛苦之首，其實他潛能無限，網上自學拍攝技巧，最愛捕捉家人吃飯歡笑一刻；講究在日光下拍攝，說不定有意彌補之前足不出戶日月無光。健仔說：「我現在生活很滿足，沒打算找一份正職，每天上班我支持不到，可能關節痛又要請假。現在工作悠閒，有滿足感又可以在家工作。我有傷殘津貼、車船津貼，來醫院做義工，巴士兩元車資付得起。」不賺辛苦錢，生命藍圖兌現了。

家中有點積蓄，省吃省用一生應該不愁衣食，主要開銷是買遊戲機。往後還有什麼目標？「我想做回正常人，有工作、結婚、生孩子、組織家庭，很多人經常勸我順其自然，順其自然，我順其了很多年，很多病友結

了婚，我還是老樣子。」

可惜爸爸等不着，幾年前離世，臨終叮囑他照顧媽媽，健仔答應了。一約既定，萬山無阻，「我答應爸爸的事我做得到，我會加油，我要盡力做。」每一、兩年帶媽媽出外旅遊，最愛日本，甚至說得出關西機場比成田、羽田機場方便輪椅出入，故此他愛去大阪多過東京，「希望媽媽長命百歲，希望爸爸不要擔心我，不要擔心這個家，你自己玩得開心點！」

健仔對生死有獨特見解，認為所謂天堂是個星球，「爸爸應該去了上面（天堂），而不是落去下面（地獄）。我覺得人死後靈魂去到那個星球，重新排期再去其他星球做生物，但是那個星球的事我完全沒有記憶。」

最後筆者問他有什麼話要跟病友說，他答：「希望大家努力生存下去，明天總有希望，明天可能有根治我們這個病的藥，可以做回一個普通人，我真的覺得有這麼一日。」外星人的說話，大家要聽。說到這裏他才糾正筆者，他覺得自己不是外星人，只是被外星人接觸過。說得也是，今世他是地球人，至今仍是，還是要活下去，更要活得精彩。

輸血及其他血液製成品的安全

故事提及的血友病是一種遺傳性的疾病，患者因為缺乏凝血因子，所以經常出現出血難止的問題。香港現正大約有二百多名血友病患者。治療血友病需要注射濃縮凝血因子，這是一種人體血液製成品。部分血友病患者於 1985 年前因注射受污染的凝血因子而感染愛滋病毒。

之後，為防止因輸血及其他血液製成品而傳染病毒，每包收集的血液必須進行愛滋病毒抗體和抗原的常規測試（測試亦包括其他病毒例如乙型肝炎、丙型肝炎等）。為再提升血液安全，香港紅十字會自 2002 年開始採用核酸化驗技術以測試捐血者血液樣本是否含有愛滋病毒的核糖核酸（RNA），大大減低因輸血而感染愛滋病病毒的風險。

愛・生命 說・故事

一念之間

上天跟阿玉開了個玩笑，給她一張嫵媚的臉，後來卻狠下心腸奪回；給她一個兒子，年僅兩歲便硬生生帶走；給她健康的身體，卻用來感染愛滋病，而這可不是她的錯。誰得到過願放手，曾精彩過願挽留，難得今天的她笑得出，更比往昔燦爛。

....

早年阿玉從內地來港，與港人丈夫團聚，打算展開人生新一頁，未曾想到之後劇情發展卻令她透不過氣。一次丈夫遇上交通意外，送院治理，車禍倒沒造成多大傷害，醫生卻在他的血液中找到愛滋病病毒。阿玉來不及反應，慌亂地跑到伊利沙伯醫院檢驗，證實自己也受感染。

當時的她對這個病全無認識，從新聞報道所見，外國病患者全身長滿紅斑，過不多時病發身亡，那刻她除了害怕隨時撒手塵寰，就是埋怨，她接受訪問時回想當時心境：「埋怨一定有，為什麼是我？有一次在診所哭得很厲害，昏倒了，我太激動，我很生氣，為什麼是我，為什麼帶這個病給我？」

阿玉起初對愛滋病有很多的誤解，擔心日常生活，簡單如洗衣服、洗澡也會將病毒傳染家人，當下墮入恐懼深淵，又不敢向家人、親友透露半句，唯獨向妹妹說了，但也只說如何感染，如今正在服藥控制病情等等，

姊妹之親也只是交待片言隻語。秘密總算是守住了，但也因此失去家人的關懷。

在伊利沙伯醫院得悉噩耗，也在伊利沙伯醫院找到慰藉。她每次覆診總是拉着內科專科護士盡訴胸臆，談到這裏阿玉愁眉稍展，說：「生活上的開心事也好，關於個病也好，都願意跟她們談。跟于姑娘談得最多，我會有一種安全感，關於這方面不會向親友傾訴。我很喜歡跟于姑娘談，但又擔心打擾了她，有時見她很忙，我坐着等也等到她有空，談過之後開朗很多。」

曾幾何時愛滋病被冠以世紀絕症之名，隨着醫學進步，及早發現及服藥可以控制病毒，生存率提高，也不致影響正常生活，但始終目前無法根治，由絕症變成長期病。後來阿玉有意逃避，服藥有一次沒一次，導致病情反覆，起過疹子，又試過連續昏厥三次。

一度不願覆診，護士們苦口婆心提醒她到醫院抽血，她回憶說：「我很抗拒抽血，你（于姑娘）知道我初時抽血很害怕，頭幾次抽血嚇昏，你見我哭了很多次。有一段時間不去抽血房，李醫生、于姑娘幫我抽血，很多謝他們！」

有些事永遠不必問，她知道病毒來源只有一個，就

是丈夫，而對方染病來源也只有一個，她壓根兒就沒有追究，然而病毒傳染獨生兒子，卻令阿玉不由得痛到極處，「其實我現在很平靜，得失對我來說不重要，看得很開，唯一想起我過世的兒子，我就心痛！」

阿玉的處境有點複雜，丈夫在前一段婚姻也有個兒子，也感染了病毒，這個兒子住在香港。阿玉禁不住埋怨：「當時丈夫帶着這個兒子，夫家親戚一同照顧，一段時間住在一起，為什麼厚此薄彼，姑姐、爺爺、嫲嫲當他如珠如寶，為什麼我的兒子沒有人關心？」

那時候她兩母子住在深圳，她要求丈夫拿着愛兒病歷報告，來港申請治病，丈夫卻不了了之，結果兒子兩歲多便病發身亡，說到這裏她忍不住飲泣：「這些年來最放不下，就是因為這個病失去兒子，其他事基本上我放下了，就這一件事難以放下。」

未算不幸，當時阿玉心痛欲絕，目送愛兒遺體隨當地醫院員工而去，兩日後回過神來，跑到醫院詢問兒子遺體所在，對方說她應該當時問個明白，如今無從查究。做媽媽的想上香拜祭也不能，追本溯源，只好怪責丈夫：「跟他一起很自然就會想起兒子，我的嘴巴什麼都說得出，我最多的埋怨是：『為什麼死的是我兒子而不是你？』」

　　徘徊心神激蕩的盡處，甚至想過報復，她承認：
「我有這個想法，但是沒有做到，剛剛有病的時候，我
在想為什麼是我，為什麼傷害我這麼多？同一個病，為
何我兒子更早病發，為何你仍在，為何不是你？」

　　有些人永遠不必等，她決定跟丈夫離婚：「我信因
果，我覺得一個念頭就是一個因果，一個選擇就是一個
結果，如果他不騙我，說他是單身，我不會栽個頭進
去，這就是一個念頭。如果他那一念沒想過騙我，我知
道他有妻室，我不會與他走在一起，接下來的完全不一
樣，又是一個結果，最起碼我不會跟他生孩子，就不會
承受失去兒子的痛苦。」

　　愛滋病沒有帶走阿玉的性命，卻帶走她的容貌，治
療期間出現併發症，帶狀疱疹入侵三叉神經線，影響面
部、眼睛，而復原程度又不理想，一臉嫵媚就此毀掉。
神經線發炎後，她墮進自卑的懸崖，上街必備口罩、太
陽眼鏡，沒有勇氣求職。此刻于姑娘讚她依然很美，她
說：「你安慰我而已。」

　　想過不再服藥，將自己交給病毒處置，最終卻沒有
出此下策，「我自己知道失去兒子的痛苦，如果我死
了，我父母豈不是一樣痛苦，死很容易，關心你的人卻
很心痛，比死更痛苦，這是我親身體驗的。」

黎明前，夜最黑，最困難的時候，轉捩點總在附近。護士們邀請阿玉參加職業治療部安排的生活重整小組，三催四請之下，她終於勉為其難出席。小組之內都是病友，歧視、自卑等詞彙並不適用，她放開膽子面對眾人暢所欲言。于姑娘自言認識她多年，那刻聽她說最多話。

　　釋放了勇氣，課堂後一起去唱卡拉 OK，社交生活、人際關係，久違了！她這樣形容自己的改變：「不再那麼收藏，說話多了，出外不再在意自己樣子。以前非常自卑，戴着口罩、眼鏡，怕被人看見，現在沒那麼怕，接受了自己。」之前說什麼也不肯拍照，小組完結前拍攝合照，半推半就終於站在鏡頭前。

　　沒有佛教就沒有後來的阿玉，有個朋友不知她經歷神經線發炎之苦，電話中迄自美女前，美女後，她叱道：「還叫美女？以後美字跟我沒關係！」一番唇舌後友人才明白，着她每天念佛。如此這般開始了接觸佛經，去法會，「在法會上也排到很後，因為要拍照，有多後退多後，怕得要死！」

　　宗教信仰最終令她走出愛滋病的陰霾，很多時候參加活動、旅遊等，報名時必須填寫身體狀況，是否需要長期服藥，「我說了很多謊話，因為我覺得個病不影響

我的生活，我會注意怎樣不傳染別人，所以我隱瞞，寫上健康良好；是否需要長期服藥，我寫上『否』。」

阿玉到各地旅遊，都拍照傳給媽媽，終於一天媽媽問道：「為什麼照片上全部都是別人，沒有你？」她說自己是手持相機的一個，當然拍攝別人，次日把心一橫，跟同行的人說：「你替我拍吧！」如今參加活動，不再避開鏡頭，「現在拍就拍吧，反正都是這樣！」

有一門工作不管容貌怎樣，無任歡迎，那就是義工，阿玉全情投入，直比正職更忙，「以前我很怕看見小朋友，不是我怕小朋友，是怕嚇着別人。原來沒有，原來小朋友跟我頗有緣，但有些人說：『姨姨，你的嘴巴歪了！』之前我說自己生病了，現在看見年紀小的，我說不要講大話、說粗話罵人，姨姨以前講大話、罵人，嘴也歪了。」

她又去老人院教長者做聖誕卡、心意卡等簡單手工，一般人做了送給家人，其中兩個老友記很窩心，送給阿玉，並寫上「身體健康」，他們有所不知，簡單常用的一句祝福語，對眼前這個義工別具深意。阿玉又教大家繪畫，例如太陽花，這次到她有所不知，畫作反映內心，她像太陽花溫暖明媚。

她又義務替往生的人誦經，但願亡者一路好走。現在所謂靈堂守夜，留守的都不是先人家屬，而是念經的人，四個人念兩小時，之後席地而睡，另外四人接力，「我在殯儀館睡了很多晚，我沒驚過，其實死亡並不可怕，在醫院看見病人插喉才是辛苦。」

　　因果循環自有定數，她希望以自身經歷勉勵讀者凡事保持正念，「如果真的有人看見我的轉變，我都希望幫到他們。我這麼艱難，婚姻失敗、失去兒子，我這張臉不算美女但都算可以，也變成這樣，全部不好的都在我身上發生，我現在都可以走出來，平時生活中小小事有什麼放不下？」

　　如今贏回正常生活，包括感情，眼下這個男朋友並非愛滋病患者，開始交往前他已知道阿玉有這個病，心無嫌隙。本來是美滿的愛情故事，然而相愛很難，她說：「我有事，但他沒事，其實當初我很猶豫是否應該交往。」介意的不是男方，是她，「我介意，他不介意，但我知道他很害怕，做多些預防措施。」

　　一個介意，一個害怕，負負並未得正，如今關係趨向平淡，縱然男友一直接受她，「他接受是接受，但現實歸現實，現在像是普通朋友，盡量不要有親密動作，談話可以。最初我們一起的時候他很害怕，抽血驗過兩

次，有一次是我叫他去的，後來他自己又驗了一次，這樣的話，不要給自己這麼大的心理壓力，說說話就好，即是做回普通朋友。

「為什麼要找一個男人談戀愛？多出來的就是兩性關係，問自己一句，這真的這麼緊要嗎？好像之前我去旅行，若有男朋友幫我拿行李，照顧我，多好。經過這兩年，我和佛友、師兄去旅行，沒有人幫我，我自己拿行李，並不覺得怎樣。」

男女關係，阿玉看得通透：「交朋友男女一樣，男的多了一重關係，煩惱多一點，這是我的體會。和師兄的關係不涉及男女關係，舒服好多，男朋友就不同了，什麼都是應該的，你幫我是應該的，你幫了我不會說多謝，有什麼不好我會埋怨，現在我不會這樣，你幫我我會感激你，不幫也沒問題。」

以往經常埋怨無人明白她，如今不同了，「大個女了（意思是內心、信心都強大了），不會埋怨，不一定要有人懂自己，懂你又如何？如果真的生活在一起，他不懂你，你會暴躁，不是一起生活就沒問題，不會埋怨。」

為她帶來無數考驗的前夫，如今也形同朋友，他曾

經擔心前妻血壓低昏倒街頭沒人理，將自己電話寫在她身上，阿玉說：「即使他關心我，我也沒可能重新接受他，最近幾年關係似朋友，較少來往。」都說她的處境複雜，早年領養了小朋友，視如己出，孩子上中學後，學校接近前夫住所，如此這般，二人由近而遠，再由遠而近。

如今那小朋友上大學了，阿玉以他為例，鼓勵另一個小朋友用功，說：「我要培養兩個大學生，我都要面子！」上天作弄她的臉兒，再讓她贏回面子；上天帶走她一個孩兒，再給她兩個。一個念頭就是一個結果，願她這話成真。

愛·生命·說·故事

對愛滋病的誤解

愛滋病病毒是通過接觸感染者某些體液，包括血液、精液、陰道分泌物及母乳，經由傷口或粘膜組織進入人體而傳播。但愛滋病病毒是不會通過身體觸碰、接觸感染者的眼淚、汗液、唾液或尿液傳播。社交或日常生活例如擁抱、握手、接吻、一起食飯或者共用廁所都不會讓你感染愛滋病病毒。此外，研究顯示蚊蟲叮咬不會傳播愛滋病病毒。

愛‧生命

說‧故事

家庭這東西

家庭這東西很有趣，想當年父母的管束令偉濤反叛，投身繁華夜市酒色世界，燈紅酒綠男歡男愛醉生夢死。歡情帶不走，愛滋病隨身，最後靠家庭支持告別酒池肉林，才明白有愛有家在，承受冷暖也心開，無論塌下半邊天都不變改。

- -

　　偉濤來自內地一個中產家庭，父母望子成龍，很注重教育，做兒子的也不敢有負，學業上一直是領頭羊，大學畢業只是人生最低消費，幾年前跑到香港選擇繼續深造顯得順理成章，他解釋：「讀書是家人的要求，他們要求一定要很高的學歷背景，但是來香港是我自己的選擇。」自己的選擇自己負責，是本文重點。

　　香港的教育方式令小伙子大開眼界，這裏的夜生活更令他目定口呆。他在家中固然是獨子，來港後又成為外人，小半生人一直孤單一個，但覺空虛寂寞和凍，一旦派對上有男孩子擁抱送暖，便向道德規範說再見，放誕風流，他說：「可能跟讀書有關，讀書太累了，在香港一直在學習，除了學習之外很少有其他生活。」

　　校園生活鍛煉頭腦，夜生活考驗身體，這就是當時偉濤的日與夜。你是金迷紙醉者，我亦逢場作戲人，愛或情借來填一晚，明天又找一條好漢，他在訪問中說得直白：「之前因為不懂這個東西（生活），可能就去玩

了，每天都玩，跟不同的人玩。」筆者請他追本溯源，反叛來自父母管束嗎？「如果仔細研究，可能有這個原因。」

身體開小差，意志也要休假，在同志圈碰到軟性毒品，「一開始我認為可以控制得比較好，以自己的意志力控制分量，但最後得知這個病（愛滋病）之後，最孤獨的那個時候就放開了，不再控制了。」

亂終有罪，有次皮膚病久治不好，某私家醫院替他測試愛滋病病毒抗體，結果呈現陽性，「那種感覺就是震驚，但是同時心理又覺得有一種……不能叫期待，就是終於知道了，就是好像知道這個東西終於要發生的感覺，因為之前可能覺得有預知。」

那時候剛好媽媽在港，偉濤有膽子讓她知道病情，卻沒勇氣親口說出，翌日帶着她一同見專科醫生，「現在想起來當時覺得很難過的，就是媽媽知道的時候那個態度，包括她的心情。可是我後來又在想，這個東西提早告訴他們（父母），第一方便之後的治療，第二我覺得他們也有權知道，第三點是他們知道之後可以在日常生活上作出預防，比如他們也會在日常生活中注意跟我這個病人有沒有交叉感染的機會。」

身有傷，貽親憂；德有傷，貽親羞，媽媽受驚不小，但她比愛兒堅強，因此復原得更快；她在網上找愛滋病資料，因此比兒子所知還多，甚至要看病毒數據，偉濤說：「按時服藥的督促監督她都給得我很足，所以說我是滿感謝她的，而且我認為這樣更有助於身體的康復。」

說也奇怪，同是父母管束，當初小伙子因此反叛，如今卻視之為金鐘罩保護網，「其實我覺得家人給予的支持、理解和幫助是非常重要，甚至包括喜歡男生，我媽媽有次跟我談話，她說寧願我找一個正常的男朋友或者女朋友去這樣，也不要自己隨便亂玩。」

至於濫藥，媽媽也放不下這個心，偉濤透露：「所以她找了一個非常可怕的方法，就是買到尿液檢查的試片！」就是日常生活小事也瞞不過媽媽法眼，「基本上每周通過睡眠、體重、不同的方法去跟進有沒有這方面的事情。」

父母教，須敬聽；父母責，須順承，可是媽媽總要返回內地，小伙子徘徊悠悠長路裏，知道始終要獨行，空虛寂寞和凍的感覺又再恐怖襲擊，「有一部分的失落孤獨，交際能力的缺失持續了一段時間。」老娘又出招，覷準他下班時候致電，從背景聲音聽出他是在工作

崗位還是獨自去偷歡,高峰期一天十多二十個電話。

可能偉濤太早自立了,還未成熟,才出了亂子,媽媽亡羊補牢扶上一把,「我覺得不是一件壞事,可能當下覺得很煩厭,很煩躁,但其實最值得感謝的就是這個。父母這種二十四小時不停的煩躁才最有效幫助你回歸正常的狀態,所以這也是我一開始知道病情後立刻讓她知道的原因。」

他倒看得正面,「它(愛滋病)是一個長期的疾病,所以它需要一個長期的監督,所有人都會有懶惰或懶散的一刻,在那一刻就只有這個長期的監督或幫助、支持,才可以幫你繼續平穩地渡過倦怠期,繼續進行下一步。」正念果然有正果:「後來我發現,如果我努力工作,媽媽的電話也變少了,所以我就專注工作,不再想出去玩之類的。」

現在跟父母關係怎樣?「有什麼事情都告訴他們,因為現在已經沒有什麼秘密,最大的秘密給他們知道之後,我反而沒有太大的秘密了,跟他們正常交流就好,一些小秘密還是有的。」媽媽深知寶貝兒子貪新愛玩,離開香港前抓着伊利沙伯醫院專科診所陳姑娘説:「小姑娘,你幫我好好教我兒子,我把他交給你,你幫我好好教他,好好看着他!」

醫院不負所託，抓偉濤上課去了。他本身已是高學歷，究竟還有什麼可以學？他解釋：「醫護人員發現了我情緒上的孤獨、孤癖，交際的障礙，所以我這個時候參加了醫院一個職業治療部的生活重整小組，在過程當中認識了一些朋友，包括醫院的工作人員和其他一些病友，一起展開交際。我覺得這對於我當時心理狀態非常重要，相當於支持我每一天按時起牀，按時服藥，甚至要我按時出來打扮參加活動。如果當時我沒有參加，我可能會沉淪得更多一點。」

過往人際社交全仗肉體，此刻心靈主導，偉濤真正告別南征北討殺無赦的日子，「它（生活重整課程）的重要性就是讓我不至於失去控制，為了參加這個小組，我不會沒日沒夜地參加派對，因為我還要休息半日，還要來這邊。」

從此過回正常生活，課後和同學一起去吃東西、遊覽太平山頂。換作之前沉迷聲色的歲月，這等活動太健康，誓死不幹，其實這才是凡夫俗子的日常，「我（之前）喜歡關了燈的派對，不那麼光明正大的社交，比較陰暗一點的，但因為有這個小組，有不同的同學幫助，我每天不得不回到光明正大的社交圈。」

拒絕再玩，社交圈子反而擴大了，「持續了一個多

月之後發現，努力工作會有一個良性循環，會發現你的社交圈快速擴大，擴大之後在工作職場當中的社交技能也好，能力的鍛煉也好，都是非常快的，可以很快的回到之前沒有生病，沒有玩的時候的樣子，幫助你更快回到普通社會。」

他從內地來到香港，再從社會陰暗一面跑到太陽之下，別看他年紀不大，人生體驗卻很深，「心裏層面上就好像沒有疾病一樣，回歸普通人的生活，跟其他人的不同無非就是要定期吃藥，或是對於這個疾病的醫療技術關注多一些，但是你不用再去隱瞞，所以我個人真心覺得這個病治療最好的方法就是周邊的人支持，就是和社會不要脫離。」

亂終有序，現在他的生活健康已極，這次到凡夫俗子誓死不幹，「大概（晚上）七、八點左右就睡，然後早晨五點就會起來。正常作息能幫助在白天精力充沛，能有更足夠的精力面對工作，面對各種各樣的問題。還有就是讓自己忙一點，給自己多找一點事情。」

筆者還道早起鳥兒有蟲吃，早起的人做運動，原來大錯，他透露：「因為在同志圈做運動（例如健身）就相當於參加派對，不如多參加一些公益的活動，在服務時認識的每一個人內心都比較積極，總是有一個無償去

幫助別人的心，是比較正面的人。多和一些正面的人一起，不管共事或做公益也好，你會發現社會還是有很多正能量，你把時間都跟他們在一起，負能量會離你很遠。」

然而誘惑常碰見，舊愛常照面，「就是還沒有把以前認識的人刪除掉，社會讓你不能隨意去換電話號碼，不換電話號碼之下沒有辦法清乾淨，我總覺現在還會有一定的機率看到他們的狀態，當他們更新狀態就會勾起對以前的回憶。那東西像禁果一般擺在這裏，處處在誘惑人，但至少現在我有抵抗力，也有不希望它再出現的心態。」

如果讀者也想遠離歧途，偉濤有何建議？「一定要讀的是書，不要手機，讀書的時候你可以把手機擺在一邊，每天都要抽時間看書，因為這個能讓我回憶起自己當年讀書的純潔，第二點讀書能讓一個人安靜下來，能讓你的心靜下來，讓你的身體也安靜下來。」

雖然他推薦馬克思等書籍——小說可不能修心——實在不是流行讀物，但比起以下這個方法，馬克思忽然變得輕而易舉，「把自己弄得稍微醜一點，其實當你有一個比較穩定的朋友或伴侶的時候，反而比較不會在意自己的形象。拼命吃東西，吃了一頓宵夜又下午茶，就

不停的長胖，反正就無所謂了。」

找伴侶每每掉入另一個陷阱，還請小心，「不要用尋找一個穩定伴侶當藉口而去不停的尋找，很多人說還沒有找到伴侶，那就今天跟一個，明天晚上另一個，不停的這樣排，其實就是玩嘛，就只是玩一夜。不要用尋找合適的人這麼一個藉口去支持每天的亂玩。」

可他承認，跟人說「不要」沒半點用，「我可以告誡所有人不要去一夜情，不要認為自己能力很好，可以控制得住自己，不會參加濫藥派對，不要認為這個病離自己很遠……我可以這樣告訴其他人，但他們一定不會聽。因為每個人都有一種好奇心，都會有叛逆的心態，你愈跟他說不要去這樣，到最後可能會變成你介紹他有這一種方法去接觸這些。」

愛或情借來填一晚，終須都歸還，無謂多貪，他這樣潔身修心：「我在面對這種誘惑的時候，腦中會浮起『責任』這兩個字，這個人對社會、對自己的家庭、對自己人生的一個責任感，才可以控制這件事情發生的機會。舉個例子，這個軟件（同志交友媒體）上可能也有飛機師，但他們不會去濫藥，可能是因為他們對工作的責任感。年輕一代之所以敢玩，就是因為他沒有責任感。」

也是責任感的問題，偉濤感謝伊利沙伯醫院的照顧，「可能他們一點的工作，可以幫助一個人在當時不會完全的墮落下去，重拾一下跟社會溝通的技能，或者自己的社交圈。要信任醫護人員，至少我覺得香港是這樣，相信行業都有對他們自己的堅持、專業的態度（責任感），你在那個行業就不要質疑行業的東西，例如在學校要聽老師的教導，在醫院要遵循醫生的醫囑。」

　　仍是責任感的問題，他可以擺脫昔日醉生夢死，卻揮不去愛滋病，「我沒有覺得這是一個遺憾，我覺得它就是自己經歷過的東西。人不要否認過去了，過去的事我從來不覺得是不好的，它是我當時的選擇，現在看也不能說不後悔，但是我不會否認這個過去。現在我的觀點是對自己負責任，承擔自己的責任，承擔家庭的責任，社會的責任，我覺得責任這個東西是很關鍵的因素。」

　　香港造就今天的他，包括學業成就，也給他這個病，今天他怎樣看這個地方？「我還是很喜歡香港，很喜歡這個城市，也很感謝這個地方，這個地方讓我明白了很多，學習到了很多，經歷到了很多。還是剛才說的，所有過去的經歷都是我本人所經歷的，是一種財富，可能別人在香港不會得到這個病。」

　　眼下偉濤衝出香港，去到外國幹活，仍不忘這片土地，「它是一個好地方，我現在走到哪裏，比如説轉機，我都一定選擇這個地方，包括推薦朋友玩，我都第一推薦香港。第一是一種喜歡，第二算是帶有一種感謝，第三我希望這個地方會更好，這是我的一種祝福。」

　　由始至終都是家庭這東西，他最愛香港萬家燈火的景致，特別有家的感覺，「不是看中環那邊，譬如説屯門或者藍田，或者將軍澳，我的意思不是做生意的地方，每一個房間透出來的光的感覺，每一戶都點燈的感覺，這個是我非常喜歡的。在大陸不會出現這樣的情景，可能商業中心很亮麗，或者某一個市區很熱鬧；香港是每一個地方，包括生活區，每一個家庭都會點亮它的燈火。」

　　之前喜歡關了燈的派對，現在卻愛燈火通明，因為他明白有愛有家在，有燈就有人，「我很注重家庭溫暖這個東西，雖然很多人説香港家庭溫暖少一些，但是我跟他們的觀點不同，我反而認為在香港一盞點亮家裏的燈，就代表一個家庭的溫暖和關懷，這個城市再忙碌也有一盞燈點亮了，我很喜歡這種溫暖的感覺。」

預防愛滋病病毒感染

為預防愛滋病病毒感染，每次進行性行為（陰道性交、口交或肛交）時都應該正確使用安全套。此外酒精及濫藥會影響你的判斷能力，減低你使用安全套的警覺性。

如果你已懷孕或正計劃懷孕，應儘快接受愛滋病病毒抗體測試，以預防母嬰傳播愛滋病病毒。另外，注射毒品人士應避免與人共用針具，以及儘快接受美沙酮治療。

暴露前預防藥物（pre-exposure prophylaxis, PrEP）是一種採用抗愛滋病病毒藥物減低非感染者在高風險行為下感染病毒的預防措施，研究顯示如定期並持續使用暴露前預防藥物可有效預防愛滋病病毒感染。藥物需醫生處方，可聯絡醫護人員以獲取更多資訊。

愛·生命 說·故事

如果你有事

金庸筆下人物韋小寶有七位嬌妻，當中雙兒待他最好，名作家倪匡評她為世上一切男人心目中最佳妻子，倘有一晚韋爵爺對月興嘆：「月亮方得真可愛！」她也不會爭辯月是圓的，只會說：「看來真有點起角。」

筆者還道金庸騙讀者，直到邂逅思齊，方知世間真的有人以伴侶為生命中的一切，完全沒有自己，只是這位賢妻是個男兒漢。他和建賢都是男同志，共處十數載，雙雙感染愛滋病，思齊將自己的病擱在一旁，一心照料對方，進入忘我境界。建賢不是韋小寶，思齊卻是雙兒。

建賢一向多病，看中醫抓把藥吃往往病除，身邊人也不怎在意，一次久燒不退，暴瘦四十磅，長輩建議他給西醫一個機會。伴侶思齊對自身健康不放在心上，反正他本來就甚少病痛，另一半生病卻是他的頭等大事，診所醫生講解報告當天他卻避席不敢聽，訪問時他這樣解釋：「我聽不到報告，心跳很快，有窒息感覺，不知何解有不祥預兆。我不想聽，出了去等。」

其實報告說不出所以然，轉介瑪麗醫院，驗這驗那一整星期仍不得要領，最後驗愛滋病，結果呈陽性，建賢剖白：「在此之前我沒想過有這個病，現在回想是很蠢的一件事，雖然我屬於高危群組——同性戀者是高危群組——但我覺得平時很安全，理應與我無關，就像政

府宣傳片,所以一直以來沒有刺手指(驗血),因此我第一個反應是:『不會吧!』當時沒多少知識,但其實我的個案已很典型,暴瘦、咳嗽。知道之後第一很驚訝,第二擔心我的另一半也有嗎?」

思齊何嘗不擔心對方,當下挖空心思安慰他,找愛滋病資料,詢問同樣患病的友人,事事想得圓滿,就是沒想過既然伴侶有這個病,自己染上的機會大抵也十之七八,建賢這樣說他:「當時他沒有想過自己有沒有事,第一時間想到的是為我尋找協助。」思齊則說:「當時他以為命不久矣,向我交待身後事。當時我很震驚,我一面安撫他,一面暗揣自己的狀況。」

建賢不堪打擊,一天在家情緒失控,思齊擔心他自殘,跑到樓下吩咐保安員報警。救護員開門看見災難場面,「嘩」的一聲大叫,出動綁手衫,思齊形容:「要將他壓在地上綁着,可想而知多麼嚇人!」五花大綁送到醫院精神科,元神未見歸位,思齊憶述:「當時我還未確診,他問我為什麼不吃藥,我說:『不是我吃藥,是你吃藥!』那段時間他將自己當作是我,我是他,他說:『你要吃藥,建賢!』當時他叫我建賢,我的心跳了出來。」

對思齊來說，沒什麼比深愛的人認不出自己更心痛，建賢後來也自知精神錯亂，出手打過人，說：「當時我失常了，那一刻我見他不肯吃藥，我很擔心，不能不吃藥，我襲擊他，他很害怕，心已碎了，我還說：『你要醒，要食藥，你要醒，要食藥……』那一刻我像喝醉了斷片，記不起打醫護人員，不知道自己做什麼，直至第二天才認到人。」

　　思齊說：「我本來感受不到驚恐，看見他才感到驚恐，由始至終都是這樣。看見他康復，自己就有加倍力量，做得更加好，有更多能量支持他。」無疑太愛你，怎捨得失去力量照顧你，隨時行開了，連再會亦無期，這次伴侶住院七天，目睹精神科病人舉動跟自己還是有點不同，「我跟他說，這些是精神病人，你只是過渡期，你會出院。那段時間他失常又不失常到底，說他正常又稱不上，他想得很多，疾病、前途、家庭、金錢、事業一一捆綁着他，我勸他什麼都不要想，如果疾病治不好，什麼也不用想。」

　　建賢禍不單行，肺部受感染虛上加弱，每天到衛生署診所服食肺結核藥物，猶幸身邊有人支持。「思齊在我日常起居生活飲食照顧我很多，我們一起居住，一起工作，接 project，算是比較自由，我有較多時間在家

中休息。他就像一個家居看護照顧一個病人，很細心，病人要喝湯他就熬湯，又負責所有家務，盡量令我專心休養。如果沒有他，這段路一定走得很辛苦，有他全力支援，我可以很專注，也有更多勇氣抗病。」

建賢神智回復，身體卻未趕上，爬幾級樓梯也划不來，伴侶將蛋糕、菠蘿包、叉燒包等大堆食物放在桌上，讓他餓了便抓來吃，早上起牀沒胃口他也迫自己哨下，增強體力、免疫力才可吃藥，其實他吃的是一份感情，他說：「每天都很感動，每天他都給我很多正能量。我也不是每天發放負能量，我將負能量內化，能吃掉幾多就幾多，不是完全拋給對方。他在身邊支持我，生活上每一個部分都照顧周到，其實我覺得已經很感動，不需要做什麼驚天地泣鬼神的事，感動是在生活裏面。」

他剖白說：「生病之前我們已經同住，需要磨合的都已經磨合了，但就像剛才他說，得病之後他對我特別包容。日常生活上我很粗心大意，東西亂放，吃東西弄污衣服，以前的他比較嚴苛，現在寬容得多，覺得那些只不過是人生中的小事，髒了最多替我洗衣服，不再喋喋不休，彼此的包容提升了一步。」

伊利沙伯醫院專科診所一直有為確診病人提供伴侶

測試服務，思齊也因此得悉自己同樣受到感染。他沒功夫傷心，眼見伴侶倒下，他不能倒，否則兩個人同墮深淵。「其實我一直將他放在很重要的位置，即使沒有這個病，發生任何事，他的意見他的想法都能左右我的決定。那段時間我幫助他之餘同時也幫自己，從那一刻開始我自己要支撐着。」

愛滋病曾有世紀絕症惡名，思齊將自己的病束之高閣，一心照顧建賢，事實上一個人背負兩個人的問題，「其實由始至終我沒想過自己，即使姑娘替我抽了血，我從來沒想過自己有與沒有愛滋病，我的方向是：先處理建賢，先處理那段時間他發生的所有事，我沒想過自己，我沒擔心過自己。」身邊朋友壓根兒不知二人身患此症，只知建賢有肺病，思齊沒病。

思齊的身體終於超出負荷。有天，他看書時突感無比驚恐，看一幅圖也令他焦慮不堪，幾次在街上動彈不得，就像武俠小説所謂穴道被封，搭小巴也不能示意司機停車，更下不了車。朋友相約做運動，一同搭巴士，快將去到目的地，他突然跟朋友説：「不得了，我很驚，去不到做運動！」他甚至不能離開巴士。

直至在家找到一瓶藥，上面寫有鎮定作用，當時伴侶還住在醫院，思齊吃了幾顆，果然驚恐大減。一瓶吃

光了，開一瓶未開封的，怎麼藥丸顏色不同？原來建賢將必理痛倒進鎮定藥的瓶子，由始至終思齊都是服食止痛藥，只是心理作用令他好轉。驚恐焦慮不知怎來，也不知怎去，建賢這樣說他：「他明白很多問題都是心魔，根本不需藥物，在我情況最差劣的時候，他自己一個人死撐（勉強支撐），他知道自己死撐，但不讓我知。」

筆者問思齊怎能做到無我，雙兒又是怎樣煉成的？他說：「不是我們第一天相識他就有病，我們一起十一年之後他才有這個病，這十一年有感情，有時間，根本我當他是家人，不是 partner，我已經確定了他，所以無論他有沒有這個病我都如此緊張他。」他不能沒有你？「這個我可以好肯定答你，假使你問他，他也會答你：『是的。』世上沒有誰都可以，但如果你問他，他思索完之後會答你：『是啊，我不想失去他，不能沒有他。』」

建賢之前以事業為重，生病後家人後來居上進佔首位，他這樣分享：「你的心放了在哪邊，你的身體就會跟着你的思想走，所以我們有病之後可以繼續互相扶持，感情比以往更好。我們有病之後認定最重要是對方，每日做多一點令大家關係更好。」

二人除了是伴侶、家人，也是工作伙伴、同事，關

係密不可分，「總有些分得開，」思齊笑説：「金錢分開，我的錢是我的錢，他的錢也是我的錢！」故事説到這裏，他是個十足的賢內助，「我不感覺我是賢內助，這樣説吧，我們談過這個問題，我才辭去我的工作，某程度上我們覺得這樣節省經濟資源，因為要報税，（法律上）我們不是真的兩夫婦，不能一起報税。」

如果沒有這個病，二人會不會一起走到今天？「2007 年我們談論過究竟是否應該分開，因為幾年前發生了一些事，談過後我們決定在一起，繼續走這條路。我自己回看這段時間，覺得這個病是個考驗。」筆者想得負面，以為他們分開後難以帶着這個病另覓蜜運，他糾正説：「事實不是你這樣想，我們圈子裏面的人不是你們外邊直人（異性戀者）所想，他有病，我便不碰他，不是這樣，不安全的性行為才會傳染，有些人是一個有一個沒有。還有我正在服藥，根本檢測不到病毒，即使我們不用安全套也未必會傳染。」

建賢補充：「我和他都覺得對方是上天派來守護自己的人，一直都很珍惜，我們的故事很平淡，沒有起起伏伏，三離三合，就是細水長流的一件事，養了寵物，就像一個家庭，就像外邊孩子已經上中學的家庭，就是很悶的故事。」故事才不沉悶，二人一起十一年才病發，即是説期間有人的身體開過小差，剛才建賢説確診

75

後第一很驚訝，第二擔心思齊也有病，還有第三：「抓破頭皮也想找出病毒源頭！」多麼的決斷，但時至今日不想再做福爾摩斯了。

思齊亦然，他說：「事已至此，如果我還跟他說什麼，這個家就會散，因為我們還養了兩隻小貓。當時我們還很年輕，路還要走下去，既然如此不要追究事情怎樣發生，反正發生了。他經常說：『究竟是誰？是不是怎樣怎樣？』就像畫鬼腳般研究，我說就算畫出來是誰也好，事情已經發生了，你只能面對，怎樣處理得最好，當時就是用這個心情走下去。」建賢指出：「這正是重點，既然事情發生了，究竟應該用什麼心態走下去。」不管誰和誰有路，互相放對方一條生路，忘掉過去，陪着你走眼前路。

問題只是路程長短，建賢擔心自己是先走的一個，思齊說：「他跟我說，人與人之間總有別離時，他擔心我崩潰。」如你若有事我會很寂寞，我獨個行樂怎可快樂，我沒你的運氣能先走，畢竟能早登天國。「打從那時開始我學習，如有一天他要走，我希望我可以精神上堅強下去。我想我可以吧，希望可以。」

為何一定是建賢先走？「兩者我都說過，他覺得自己身體狀況差。他病發前已經有很多古怪病。」但你若

有事我要孤獨做人就重頭再學，學習到天邊海角，一人拼搏，我這主角沒有襯托。筆者主觀認為如果思齊先走，建賢沒人照顧怪可憐的；倘建賢先走，思齊更加活不成。

思齊就此回應：「我一向希望做先走的一個，經過這麼多事情，他多次病發，平衡各方面，我仍選擇做先走的一個，因為我覺得他善後我應該比我善後他足夠，以及他應付得到多過我應付得到。」這點似乎跟整個訪問的脈絡相反，還道建賢是被照顧的一個，不能獨自生存，「沒錯，因為他在病中根本負責不到你們希望他做到的角色，而不是他不想或者能力上做不到，如果大家在同一個情況下他應該比我強。」

而且思齊雖是家中會計部，但只管理一百幾十的數目，建賢卻着眼大數字，多年前不管伴侶反對堅持買房子，思齊為愛忍痛掏積蓄，建賢也負責一半，未料一買房樓價便跌了好幾年，被思齊的家人怪責，建賢一笑置之，時至今日兩人有瓦遮頭，不需為住屋問題而擔憂，看來建賢的確是生存能力較高的一個。

「我們不時討論生死，」思齊說，「我們的結論是即使沒這個病，如果你不潔身自愛，都會有愛滋病之後的古怪病。愛滋病之前是什麼？梅毒，當時梅毒治不

好，直至盤尼西林出現，我想説如果我們不改變生活模式，即使沒有愛滋病都有其他病。你可能會説我有這個病才阿 Q，不是，我沒病時也這麼説，如果你不改變，即使這個治好了，也有其他病找你。」即使愛滋病已不是絕症，他們也作好了準備，「當每日是最後一日，我們鍛煉到的心態是當明天就會死，這樣對大家都好。」

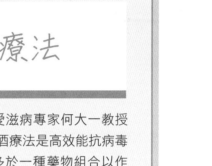

雞尾酒療法

雞尾酒療法是由美籍華人愛滋病專家何大一教授在 1996 年倡導使用。雞尾酒療法是高效能抗病毒治療的俗稱，意思是運用多於一種藥物組合以作治療，襲擊處於生長期不同階段的病毒，抑止病毒的複製，使藥物治療發揮更大的效力。此外，雞尾酒療法的好處在於不給病毒快速變種的機會，從而大大降低耐藥性的出現。因此，愛滋病病毒感染者只要嚴格遵從醫生指示，按時服食處方藥物及定期覆診，亦有機會跟健康的人一樣安享人生。

愛·生命 說·故事

心淡

如月來自外國，遇上預言中的男人，嫁來香港，可惜這段婚姻童話揭幕悲劇收場，丈夫在國外娶到她，之後又在國內尋覓愛侶，留住愛亦留住罪，染上愛滋病再傳給妻子。由這一分鐘開始計起春風秋雨間，恨我對你以十年時間慢慢的心淡，如月決定離婚，卻怕失去兩個孩子的撫養權，想到悲處打算毒死全家，猶幸信佛的她回頭是岸，如今不但兩子在身邊，更得新生。

如月十一歲那年在家鄉街頭遇到一個伯伯，只見他喝得醉醺醺，自言自語說道：「這個小妹妹嫁到很遠啊，要搭飛機去！」她環顧四周沒有其他小妹妹，那人說的恐怕就是區區在下，當下她的媽媽大為緊張，問那伯伯：「她嫁的人有沒有錢？」對方還沒回答便醉倒了。

事件主角壓根兒沒有將這件事放在心上，沒料到幾年後在酒店餐廳當侍應的時候，上司向她介紹一位香港男士，對方一見如月大為傾倒，每每放假老遠跑來相見，小女孩終被誠意打動。那年頭香港有不少過埠新娘，她就是其中一個，上司還以為撮合了一段神仙美眷，來港喝這杯喜酒。

只恨當年那個醉伯伯睡得太快，要緊說話未曾講。婚後這位夫君極力阻止妻子結交朋友，不論男女，不分國籍一律封殺，彷彿她的世界應該只有丈夫及兩個兒

子，如月說：「他叫我不要認識其他人，不要將電話號碼、地址告訴別人，變成我什麼都不懂。我跟兒子同學的師奶媽媽喝茶都不敢，不會一起講是非、廢話，送他們上學之後就回家，做家務等他們放學，整天跟兒子玩。」

獨在異鄉為異客，甚至不准聯絡鄉里，因此逐漸忘了祖家語言怎說，「香港遇到鄉里，對方也不知我是同鄉。有時返回祖家，弟婦問我是不是這國的人，為什麼說話之前要想，因為我來香港八年沒接觸那國人，沒說其語言，忘記了。當時不流行手提電話，只是寫信給媽媽、姊姊。」

丈夫經營電器店，後來生意淡薄關門大吉，學一門手藝改當地盤工人，如月這樣說他：「我要讚賞他，他很努力，不斷學習，不停增值自己，因為他要養我們。」她自己的上進心也不少，每天跟兒子一起溫習，母語漸忘，中文卻愈來愈好，「阿仔寫字，我問他怎讀，阿仔很乖地告訴我，我便記住。」

除了正規學中文，也走旁門，「我最常看雜誌，我很喜歡看，因為當時還未可以工作，時間很多。」香港人都說識人比識字有用，她的另一半反其道而行，識人絕不容許，卻說香港地不懂中文字會被欺負，她回想：

「我到市場買菜不懂一毫、兩毫，他教我，我不識人，他不教我誰教我？」

後來這位夫君頻跟地盤上司到內地，也不知是開拓事業還是消遣，總是深夜兩、三點醉醺醺回家，漸而變得暴躁，沒事找事罵妻子一個狗血淋頭，當然少不了粗話。一天一點傷心過這幾百數十晚，大概也夠送我來回地獄又折返人間，「我信佛教，我不喜歡一開口便找爸爸媽媽來罵，香港人很喜歡講別人媽媽，我不是很喜歡。當時他開始變，家庭開始有問題。」當下如月不作聲默默承受，「第一我不喜歡說粗話，第二我不想家無寧日，我待兒子睡了才說他一句，你在那邊工作壓力大也不要回來找我們出氣。」

如月學中文是自強不息，丈夫叫她學中文是自找麻煩，有些給他的信上面寫了簡體字，做妻子的疑心大起拆開偷看，簡體字她是看不懂的，但中文字還是有些不分繁簡，她大概看得明白，信中以「老公」、「老婆」稱呼，裏面又有女人照片，原來這位夫君千方百計不讓妻子識人，自己卻識了其他女人，「我乘他不在家拿去影印，我不知道自己是聰明還是什麼。」

她大抵是命苦，老遠從外國嫁來香港，丈夫則從香港北上覓愛，「後來那個女人打電話來找我老公，她的

說話有鄉音，不像我們香港人，當時我就很傷心，後來開始有病，可能抑鬱很厲害，入了威爾斯醫院，醫生說我有肺炎、肺積水。」丈夫在內地未闖開一片天，二奶倒找到一個，他跑到醫院探望，求她原諒，「其實我沒有怪他，我放開了，但是我很傷心，那時知道有愛滋病。」

屈指一算，大概是來港十年後的事，如月病況嚴重到幾乎送了性命，轉介到伊利沙伯醫院，醫護解釋這個病，她聽不懂，「我知道的愛滋病是 AIDS，他們說 HIV，到他們說愛滋病我就明白了，我聽過。當時未了解這個病，以為是普通傳染病，不久會好，後來才知道這個病很嚴重，但其實到現在我都沒有生他的氣，他也有這病。」

她只擔心一對兒子也中招，尤其次子出生不久頸部長出水囊，好媽媽為了替愛兒祈福戒吃肉，夜裏兒子吃痛哭醒，她伏在牀邊陪伴陪哭，其實水囊跟愛滋病沒有關連，驗血證實兩個孩子都沒有感染，「次子出生後不久老公就去搞搞震（拈花惹草），大概兩個仔出生之後我們才有這個病，應該是他搞搞震染病。」

終於離開了這位預言中的男人，春天分手秋天會習慣，苦沖開了便淡，「後來我為什麼跟他離婚？因為他

跟我說，他在大陸二奶村跟一個女人生下了女兒，我就開始很不開心，夜晚自己喝酒。」之前丈夫不醉無歸，現下到她，「夜晚喝酒才睡得着，因為朝早我要帶孩子，照樣生活下去，上學放學，照樣盡我身為媽媽的責任，沒有一刻疏忽照顧。」

　　如月擔心離婚後香港法庭欺負她這個異國人，加上自己沒有工作，兩子撫養權會歸於丈夫，害怕之下打算自殺，她愈想愈悲，不如乾脆全家共赴黃泉，「我一個人走了，兩個孩子怎辦？如果老公娶了那個女人回來做老婆，對我兒子不好怎辦？我想多了，我想得很多很多。你記得陳健康新聞嗎（事主包二奶導致倫常慘劇）？發生之後不久我家就出事，我打電話跟身在祖國的姊姊說，她說當地有一種毒藥無色無味。當時我還未上廟，未完全信佛教，報應什麼的我不懂。」

　　如此毒藥就像武俠小說裏的橋段，姊姊的朋友提醒，在那邊千萬不要隨便跟人說你喜歡吃什麼菜式，要是有人在該道菜下毒，你服毒後並不立即死亡，然而一、兩個月之後再吃一次必然無倖，「我叫姊姊寄過來，姊姊很疼我，說毒藥是有的，如有需要可以寄給我，但最好不要這樣。姊姊信佛、觀音，看相看命，她說我兩個兒子將來很有成就，而且自殺之後五世投胎都會繼續自殺，纏繞着你。」

　　如月又向伊利沙伯醫院臨牀心理學家陳博士、專科診所護士于姑娘、鍾姑娘傾訴，「將心裏面的石頭放出來」。昔日生活諸多限制，朋友不敢結交，話不敢多說，離婚後四海遨遊八表飛翔，經同鄉介紹到新界某間廟宇參拜，信眾多為該國人士，他鄉遇故知，逐漸眼闊心開，終於打消了終結生命的念頭，選擇了一念天堂。

　　兩個兒子不知道自己在鬼門關前走了一遭，兒童心理學家分開詢問他們，再將報告呈交法庭，決定撫養權誰屬。事前大兒子提醒弟弟，如果不想跟媽媽就跟他們說爸爸多好，就會跟隨爸爸，弟弟說：「睇你都傻（斷然拒絕）！」結果兩個孩子都投媽媽神聖一票，法官也將二人判給如月，好媽媽喜極而泣，什麼離婚，什麼愛滋病一一拋諸腦後。

　　每當變幻時，人生展開新一頁，遷出夫家租樓住，新業主見她單親帶兩小，收取租金比市價便宜，原來香港好人還有不少，如月當兼職加上贍養費足夠過活。這時她替前夫說句公道話，贍養費不缺，即使兩個兒子已長大成人，對方仍不時給零用錢，「說他不好又說不上，說好又好不到哪裏，有好有不好。」

　　眼下一家三口生活過得好，「真是非常非常好，沒什麼事擔心，因為兩兄弟都長大了，工作了。現在我覺

得好幸福，第一在這裏遇到很好的醫生、姑娘，第二遇到佛祖，給我機會重新開始做好人。不是說以前我做壞人，只是現在我覺得好幸福，沒有什麼事困擾到我，別人說什麼我也不放在心上，什麼都放下了。」

　　如月所說的好人大抵就是平靜喜樂的人，之前一念地獄就是憂慮太多，如今什麼都不想，天掉下來當被蓋，她勸勉讀者以她的前車為鑑，「人生自然有路，有方法解決，視乎你怎樣走這條路，什麼都不要想得太複雜，你走出一步才知道。事情未發生，你先定了看法，就先辛苦了，好像當年我想過用毒藥，其實都做不到，但是辛苦了一場，很無謂。」她控制病毒得宜，以過來人身分勸人不論患上何病，不要先想到死，自殺則更笨，人總會死，急什麼，「上天自有安排，不是我們安排個天怎樣行。今日不知明日事，譬如現在三點鐘，你不知道四點發生什麼事，不要想得太多，不要擔心，發生了才想解決辦法吧。」

　　適才她向伊利沙伯醫院等人致謝，但真正令她改變的卻是另一個人，「真正原因是我自己，如果我不走出這一步我也改變不到。很多人跟我說這條路該怎樣走，但如果我不肯，沒有人可以勉強我或者逼我，什麼都是靠自己。佛教也是這麼說，佛祖幫你其實是你幫自己，其他人幫不到你。」

愛・生命・說・故事

　　西方也有句話：「神幫助幫助自己的人。」如月回應道：「你說得對，我朋友信耶穌，我信佛，其實每一個神都是好的，耶穌都好，他指出正途讓我們做好人，但為什麼有人做壞事？他們過不到自己的貪念，不只貪錢、貪女人，貪靚也是貪，每個人滿足不到自己。為什麼我想做尼姑還未做到？我現在仍然有個貪字，貪靚，出家要剃頭髮、眼眉。」

　　自覺與佛有緣，跟兒子明言幾年後退休，返回祖家皈依閉關做她的師太，「不知做不做到，因為那邊生活事事要錢，因此現在努力儲蓄。」其實那邊出家人生活簡單儉樸，吃師父托盤回來的東西不用花錢，然而今天生活不同了，想吃好一點的素菜還請自掏腰包。

　　由此可見她可能六根未淨，身體亦然，「不好意思，我只是講事實，為什麼我現在還未出家？因為我們女人未停經，入到廟我覺得我們女人骯髒，但是有些女孩從小出家，她們沒有這個問題。」胡思亂想的壞習慣實在難改，偶爾還是要空自憂慮一場，「可能我想多了，我未找到師父可以解決我這個心結，所以我未做到尼姑。」話雖如此，冬去春來年初一二三總是入廟閉關，「為何閉關？因為我們每日上班接觸很多不同的人，有是非、閒言閒語，在廟裏靜靜地什麼也不想，很舒服。」

筆者替她盤點半生，想當年愛滋病發作由死轉生，加上毒藥的考驗，這個人一共死過兩次才找到自己要走的路，「對，這就是師父的乾女兒所說的，她會看相、命理，她也說我死過兩次，就像你所說。」那位高人又說，如月的長子是她爸爸托世，也就是長子的外公，看屁股似乎也言中，蓋因其父生前屁股受創，好女兒替他洗傷口，貼上十字膠布，他死後大兒子出生，同一邊屁股同一位置有個十字胎記。

　　如月愛兩子如命，但其他男人免問，心已淡更不用說再婚，從這方面看六根倒清淨得很，「我見到男人都打冷震（發抖），我不會再婚，我一個人很開心，想做什麼就做，自由自在，說真的現在男人對於我來說沒有感覺。」其實自己一個更開心，只等你講，筆者問她曾經滄海，覺得男人是啥動物？「你想想你自己，我怎麼知道？我真的想起男人都怕，陰影好大，見過鬼還不怕黑？如果可以選擇，早知有這個結果，我真的不嫁人不結婚，從小出家。」

　　寧出家不出嫁，「第一，男人——我不是說你——再婚後我怕我要賺錢養他，不是他賺錢養我；第二，我們這些年紀未必找到一個有錢的。嫁到有錢人也未必幸福，你認為有錢人不花心？女明星嫁給那個男人又沒有了！」如月不是省油的燈，果然有看周刊。訪問結束，

筆者如常多謝對方將一生交給我，只怪用詞不當，說得曖昧，她忙不迭說：「千萬不要，看見男人都怕！」

感染者的
平均壽命

自從雞尾酒療法面世以來,愛滋病的治療有了突破
性的發展,愛滋病已不再是不治之症。愛滋病病
毒感染者只要定時服藥,可有效降低體內愛滋病
病毒數量,身體免疫功能得到改善,能恢復過正
常人的生活。最近多項在美加和歐洲的研究顯示,
愛滋病病毒感染者若能於感染後儘早開始治療(未
出現併發症,或 CD4 白血球高於每毫升 350 細
胞),保持按時服藥的習慣,平均壽命預計和一
般人相差不遠。

來回地獄又
折返人間

人終歸總要死一次，有些人可能不止，立言年紀輕輕便死過三次，每次病凶疾危卻又從死轉生。老天爺給他考驗不少，但也待他不薄，除了三過鬼門而不入，還有家人、朋友獻上關懷，追本溯源，其實是他首先付出了愛，當初發現患上愛滋病後第一時間通知父母，這在年輕患者當中並不常見，因此面對大病還瀟灑得起，他說：「這事之後我沒比以前不開心，或不健康。」HIV可以感染，愛心一樣。

上天給予立言健壯的身體，用來抵擋風吹雨打。當初他因為肺囊蟲肺炎進入醫院，病來如山倒，第一次敲響鬼門關，送入深切治療部（ICU）。血含氧量過低，行一層樓梯也氣喘如牛，醫護除了替他驗血及注射抗生素，還將氣管鏡從鼻孔插入，直通肺部抽取組織化驗，令他痛不欲生；肺部虛弱，呼吸不到須插喉幫助。

由疑似 HIV 到證據確鑿，終於知道要與這個病長相廝守，立言有一個星期接受這事實，因此揭盅那刻心情尚算平靜，他說：「雖是愛滋病，但其實撿回一命。染上愛滋病病毒是一回事，但之前愛滋病併發肺炎，差不多已經死了。」

有理由相信此人態度正面，故事主角則解釋：「我不知這樣是不是正面，我只覺得既然事情已經發生了，

我確診有這個病，如果我死不去就要跟它一起生存，找到根治藥物之前可以做些什麼？醫生、護士叫我每日吃一次藥，要定時吃藥，我就吃藥。」況且病情太凶險，他沒空怨天尤人，「怨了要醫治，不怨又要醫治，不如正面醫治。」

這個人沒有宗教信仰，總覺得做人應該靠自己，「我相信命運，但命運不能主宰我，祂有安排，但可以改變，有可能結局不同。同一件事兩種態度，你可以很樂觀面對，或悲觀對待，結果很不同。」說起命運，他有一番見解，「我相信有其他力量、能量存在，但不代表你要借助祂的能量去解決這件事。通常你信一個信仰，信祂的 higher power，你借助祂的力量改變你一些事，但我有病時我沒向命運這方向想，我選擇信我的醫護團隊。」

真正的接受除了闖過自己一關，還要坦白、分享；有效的治療除了吃藥，還要身邊人支持。道理是這麼說，可是知易行難，一般年輕患者可不願意向家人透露病情，一來難以宣之於口，二來不想對方擔心，如此一來令自己孤軍作戰。本文主角卻選擇儘早向父母剖白，「他們擔心已久，但不知道發生什麼事，一直以為我只是患上肺炎，爸爸媽媽不會料到我有愛滋病。」

與雙親關係向來融洽，反正 ICU 病房沒有旁人，那刻不坦誠相告更待何時，「因為我之後會轉到普通病房，多少病人我不知道；那刻有機會就先跟爸爸媽媽說了，他們沒表現出負面情緒。」

作為同性戀者，人生走到這個段落，無怨無悔，他剖白：「我從小至今覺得後悔比有病更慘，你後悔代表件事不能改變，這件事（感染愛滋病）當然不能改變，但有病令我經歷很多，令我珍惜一些事。之前不是與父母不好，但一起經歷後我對他們更坦白，所以我沒有後悔。」別人覺得高深的道行，他覺得自然不過，「我從小在被愛的環境成長，總是正面看事情，我看見自己有什麼，看不見自己沒有什麼。」

過往沒刻意隱瞞性取向，只是從不刻意提起，這時候也和盤托出，其實身邊人早就看出，一直心照不宣而已。縱使立言形象開朗，好一個陽光大男孩，看外表說什麼也不像同性戀者，但談吐往往將他出賣，「父母沒什麼大反應，他們說我永遠是他們的兒子，他們永遠疼我。」無條件的愛，無條件的接受，只要兒子活下來，其他一切都可擱下，「我無論發生什麼事父母都不離棄，我是很幸運的小朋友。」

愛·生命 說·故事

　　還有更幸運的，病友家屬、護士紛紛跟他説：「加油，你要健康！」此情此境，小伙子能不感動？他説：「一個人和你素未謀面，為何要花更大耐性，執你的手，向你打氣？我很感激。」

　　年輕人病得快，復原也快，醫院治好了他的肺炎，轉介到伊利沙伯醫院專科，由於病情穩定入住普通病房，甚至可在病牀上拉筋，舒展手腳，羨煞不少病友，「醫生、護士説我始終比較年輕，所以我的復原情況比其他人快。」他憶述當時情況：「我吃得很多，有時一個餐不夠飽，可能要吃兩個餐，我入院時瘦了很多，很想儘快康復出院，很希望回復以前的生活狀態。這可説是我第一階段跟病魔搏鬥。」

　　通往康復之路往往充滿荊棘，HIV 病毒破壞免疫細胞，愛滋病患者免疫力低，或有其他疾病處於冬眠狀態而不為人知，一旦展開療程，病毒的複製受到抑制，免疫系統功能逐漸改善，稱為免疫重建，原本隱藏的問題可能放得很大。立言出院後開始服用抗病毒藥物，便出現強烈的免疫重建症候群，發燒高達攝氏 39、40 度，去醫院求診。

　　年輕人總覺得死亡遙不可及，一旦入院突然發現近

在咫尺,他被迫提早接受生死教育,「我入住雙人病房,有個老人家在我身邊過身,我都聽到了,因為診治我的醫生也診治他,我聽到那醫生跟護士説,且看他能不能捱過到今晚,我都知道可能有事發生。的而且確他過不到那一晚,然後護士通知他的家人過來。當晚清理了,第二日又有個新的病人入院。」

未幾立言回到伊利沙伯醫院專科醫治,如此這般他又回到舊地,病情嚴重又要插喉,又送入 ICU。口插氣喉的感覺可不好受,他想拔喉;父母前來探望,立言有口不能言,只好寫字溝通,種種因素令他大發雷霆,一反平日溫文的常態,向父母擲物洩憤,甚至想動手打人。雙手被員工綁在牀欄,兀自掙扎,就像電影《驅魔人》場面,身高力大的他失去常性更加可怕,醫護只好替他注射鎮靜劑,維持迷糊昏睡的狀態,意識似有還無。

專科診所陳姑娘從這時開始照顧立言,她如是説:「我覺得他的生存意志很強,真的很強,他愈掙扎,代表生存意志愈強。」專科診所、ICU、社區組織等多個部門全力支援,陳指出,立言父母住處遠離醫院,每天老遠過來探望兒子,她與紓緩治療部李姑娘商量,讓兩老梅花間竹般探病,爸爸看兒子則媽媽休息,相反亦

然，她說：「因為當時立言躺在這裏沒有反應，旁邊機器又不時作響，對老人家造成很大壓力。」

這次小伙子走得更接近死神，但無法描述當時情況，因為他根本不知道，「到我醒來已經在深切治療部，問起時間，現在仍是八月吧？對方說不是，現在已經是九月，原來已經過了一個多月！」意識重建了，但故事不因此完結，「每天下午醒來，但夜晚才是探病時間，爸爸、媽媽六點才到，我只能躺在牀上，雙手被綁，病房四面牆壁，沒有電視。」

他憶述：「完全沒有聲音，沒有人和我作任何interaction（互動），自己在一間房睡醒，等待大概六小時才有人來，爸爸媽媽會來探我，所以他們一來我就好激動，總之見到他們是一個很開心的感覺。」感情是雙向的，父母又如何不疼這個兒子，爸爸端來收音機，成了他的唯一娛樂，「自從第二次在 ICU 醒來，覺得世事不是必然，所以有人來探我，多一個人關心我，我就會很感激。當你擁有要學會珍惜，剛才你（筆者）問我有沒有後悔，珍惜就是不要令自己後悔。」

立言很需要朋友，雖不曾透露愛滋病三個字，第一次入 ICU 朋友們還是知道的，到了這次卻一無所知，

「我要通知朋友我未死,因為我有一、兩個月時間不知去了哪,當中只有一、兩個好朋友有我爸媽的電話號碼,只有他們知道我原來未死。」所謂通知是用一、兩個小時,費盡心思出盡真氣輸入一小段訊息,事後回看文法不通,似是出自小學生手筆,可見當時病得多重。

陳姑娘記得當時鄰房另一名病人同樣病重,說:「ICU 同事跟我說,兩個情況都很差,可能都不行,如果拔不到喉就要在喉嚨開洞。」原來插喉最多維持一個月,之後便要拔喉,否則有細菌感染之憂,如果病人在死線前不能回復自然呼吸,便要在喉嚨開個氣管造口。小伙子回想那時候一隻手抓着陳姑娘的手,一隻手在紙上寫道:「有事想跟你說,我想爭取拔喉!」

雖已習慣呼吸機取代肺部,但藉着這份意志,嘗試擱下機器自力更生。首先要學習鼻吸口呼,方能確保大量空氣留在肺部,簡單來說就是長期維持深呼吸,實行起來卻絕不簡單,每抽一口氣都使出九牛二虎之力,才達到血含氧量超過 90% 的標準,一旦低於此數便觸動儀器警報,響聲大作,也觸動病房中每個人的神經;呼吸的藝術除了要求力度,還講究拍子,若然荒腔走板警報又響。

立言訴苦:「朋友、家人探訪時,我一時忘了專注呼吸這回事,指數跌到 90% 以下,又呲呲呲作響。」做人難,做病人更難,不夠力不行,一味使勁「爭氣」也不成,用力過度導致爆肺(醫學名稱是氣胸),所以他隨身掛着另一部儀器,俗稱菠蘿。其實打從他甦醒後身上掛滿裝備,包括尿喉,每移除一項都代表康復進程邁出一大步。

陳姑娘說,如果可以替病人打分,眼前這位很合作,付出了 AA 的努力,最終成績縱沒 A 級也有個 C,起碼合格才公道,因此他們作為醫護也絕不鬆懈,說:「面對這些年輕病人,我們通常拼到盡,真的拼到盡,既然進入了深切治療部,我們一定不會放手。」立言則分享道:「我知道醫生護士很關心我,但醫生每天面對這麼多病人,我一定要好像求職面試般,讓他知道我的生存意志有多大。」仗着這份狠勁,身上儀器越來越少,終於一件不掛,轉往普通病房。

八月昏迷,九月甦醒,趕不及中秋節出院過節,媽媽還是端來燒肉,吃點兒過節食品才像樣,陳姑娘卻擔心切肉的刀子、砧板不乾淨,病人身體虛弱經受不起,她開紅燈。立言是最合作的病人,豈有不聽從之理?燒肉吃不到,媽媽的愛卻全盤欣受,他說:「我覺得最深刻的感受就是有這個病入院,雖然這病令我很辛苦,但

好轉的時候，健康的時候就會好好珍惜，然後可以看見到家人以及朋友，便會好好珍惜見面的時間。」

過往尊敬上司、善待同事，因此失蹤一個多月仍保得住飯碗，出院後復職，萬事逃不過 give and take 原理，對父母如是，對醫護也如是，「感情這回事如不維繫，慢慢就會褪色，所以當擁有的時候便要珍惜，當你掛念一個人，或者想多謝某人就要表達，不要等到太遲，失去機會才後悔。」

第二次瀕死經驗跟藥物有關，第三次亦然，立言出院後按醫生指示繼續服用預防肺炎的抗生素，如此一個多月後發覺身體不對勁，出紅疹、脫皮，他又走回當日老路，先到醫院求診，再轉介專科診所。醫生懷疑問題來自那隻抗生素，停掉後，情況未見即時好轉，肝功能指數過高。其後肚瀉，乾脆停了所有藥物，仍不改善，好小子一天狂瀉二十次，兩星期內體重劇減二十公斤，陳姑娘握着他那瘦骨嶙峋的手，不禁哭起來，心下一句話不敢說出：「瘦到好像鳳爪！」

立言看在眼裏，記在心裏，說：「一個人願意和HIV 病人有身體接觸，正如當年戴安娜探望愛滋病人，抱他們，傳遞他們也是人的信息。」上次病重初期陳姑娘放大假，這次亦然，立言爸爸哀求：「姑娘你又放

假？你每次放假我兒子便不適，你不放假行嗎？」幸而這次她只離開一個星期，事前交託同事照顧，又握着立言的手，心道：「你要支撐着，你不要死，一個人不能入很多次 ICU，我不想看見你死！」

結果立言沒有送入 ICU，倒不是因為今次病情比之前輕，而是主診翁醫生有豐富深切治療部經驗，而不少 ICU 醫生有志多學一個專科，這位翁醫生選了傳染病，他正因為傳染病這個背景成了立言的主診醫生。陳姑娘在假期後拉着翁醫生，憂心地說：「我很擔心他會死，我真的好擔心他會死！」又問是否要送入深切治療部，翁醫生答道：「不用！」別忘記他就是 ICU 專科醫生。

須知道立言體重驟減二十公斤，也失去很多血管，打不到針，也抽不到血，無論進出都划不來，那時陳姑娘笑說：「我又摸你了，又佔你便宜！」歡笑背後是無盡恐懼，由頭摸到腳仍找不到血管，只好找大血管，而這項工夫難度甚高，一定要由深切治療部醫生動手，翁醫生正好出馬。他每天抽很多次血，陳姑娘等人則盯着立言的健康指數，如看股市，先升後跌，先跌後升。

天意再三弄人，即使陽光燦爛轉化成怨恨也是人之常情吧？筆者將這道題目捧到立言跟前，他說：「我沒有埋怨醫生、護士，的而且確第三次我覺得很累，心裏

在想何時完結？」身體最誠實，吃藥紀律往往反映病人態度，這次藥水又鹹又酸又甜，對得起身體，對不住舌頭，「這次我不像之前聽話，很難吃的藥不想吃。我有吃，但拖了很久才吃，不像以前『死就死，吃就吃』。心態上覺得疲累，但我真的沒有埋怨醫護。」

很多醫生聯手醫治，但他們也不知可用何藥，便放手一試給予免疫球蛋白等藥物。立言肚瀉一時未止，化驗大便卻找不到細菌，陳姑娘形容：「你不知道當時多麼尷尬，當時他只管抱着便盤，每五分鐘就要用，基本上離不開它。該處還要不是深切治療部，是普通病房，所有事都在牀邊處理，我們經過他牀邊見到便盤疊得老高，很淒涼！」事件主角卻說自己不是最尷尬，他代員工難過，說：「他們要清理便盤，正如你不覺得自己的糞便臭，雖然他們習慣面對這些，但他們都是人，沒有人喜歡面對排泄物。」

猶幸病情一天比一天好，小伙子終於熬過了，至今不知難關怎樣解決，只知問題來自那隻抗生素。

今次立言終於趕及出院過中秋，三個月後血管復元，再過三個月回復正常體重，他跟陳姑娘説想吃日本菜，對方大叫：「日本菜？你小心啊，不要吃魚生！」她在訪問中承認：「我很緊張，就像他媽媽似的，但我

不想自己像一個媽媽，事實上我真的做不到他媽媽，但我又按不住對他特別緊張，始終見他辛苦過，不想他再辛苦，所以提醒他冰水都要弄熱喝⋯⋯」

治療即預防

常言道預防勝於治療，但近年愛滋病醫學其中一項突破性研究就「本末倒置」，發現治療也是預防病毒感染的一種方法。乍聽之下可能令人費解，但這種被西方醫學稱為治療即預防 "Treatment as Prevention"（TasP）的預防方法背後的道理其實很簡單。首先，因為現代的抗病毒藥物混合治療有非常顯著的成效，絕大部分愛滋病病毒感染者基本上只要每日定時服藥就能令身體特別是血液中的病毒數量減至極低甚至偵測不到的水平。其次，當愛滋病病毒感染者血液裏的病毒數量極低或是偵測不到，傳播就不成立，變相預防了其他人受到病毒感染。理論上，如果全世界所有愛滋病病毒感染者都得到有效的治療，我們就不再會有新的患者。實際上，因為種種原因，我們距離這個目標還是很遠，但希望配合其他預防及治療的方案，我們終有一天同愛滋病病毒說再見。

當幸運來敲門

當年慈慧生下孝賢之後，飽受抑鬱困擾，整天崩潰嚎哭，想到悲處自忖：「我不知道能不能照顧到他！」猶幸兒子從小活潑開朗，處處惹人憐愛，可是到了青春期摸索人生的階段，媽媽照顧妹妹之餘又要掙錢養家，忽略了他，爸爸也沒盡其引導之責，做兒子的終於迷失方向，並染上愛滋病，原來當年慈慧並非過慮。

故事講述這個好媽媽扶持愛子，同時也幫助丈夫重拾爸爸的角色，過程一步一滴淚。令人聞之色變的愛滋病令這家人再走在一起，只是代價太大，但既然家中人人都有責任，全家就一同面對。

孝賢兒時無憂無慮，面上只有陽光與彩虹，「他從小到大是一個 happy boy，很 happy 的小朋友，帶給我們很多歡樂。」慈慧在訪問中對兒子讚不絕口，說：「他很可愛，我的家人、朋友都很喜歡他，因為他比其他小朋友特別可愛，很喜歡吃東西，吃飽就睡，睡飽就吃，是一個很開心的人。」陽光總不能天天打照面，就在孝賢升上中學，正值建立自信的要緊時刻，烏雲現身。

自信心需要安全感作原材料，安全感則來自穩定的家庭環境，然而那時候家中經濟狀況改變了，甚至欠下巨債，每兩年住所租約期滿便要搬家，慈慧憶述當時光

景，說得直白：「我們好像吉卜賽人，經常被人逼遷，一旦加租我們就要搬走，那段時間最要緊，也是他成長的時間。」過往十多年來香港房價、租金先跌後大升，這家人成了受害者，「我可以告訴你，我們一家被逼遷多次，一年多便搬一次家，那些年香港經濟不好，租金較便宜，才住了兩個租約，其他時間都只維持一個租約。」

這個媽媽努力工作交租、還債，缺錢時別無他法只好向親人賒借，其間有借有還，一直沒跟丈夫透露，但見對方愛理不理，在朝不保夕的日子裏，她的腦海中只有生計，哪裏想到孩子的感受，無意中將經濟壓力轉嫁給小朋友。

都說孝賢自小愛吃，也很懂得吃，那時出外吃飯只能光顧快餐店，貴價東西划不來，小伙子很不爽，做媽媽的一直不知。朋友去外國讀書，他又要去，可是學費、生活費實非這家人所能承擔，小子只好留在香港跟公開試搏鬥，在朋儕間相形見絀，原本已沒多少的安全感更出現赤字，「那段時間他可能很迷失，因為年輕人很有趣，尤其我的兒子那麼重視朋友，當好朋友一個一個離開，去外國讀書，他返回學校就覺得很沒安全感。」

慈慧相信男孩子比較堅強，而且成長中總有些事不便跟媽媽說，因此自己在工餘時間照顧幼女，付託丈夫帶兒子，可是對方是性格巨星，活在自己的世界，帶孩子等的小事不要搞我，「可能當時我先生只顧工作，對他的關顧很少，失去了良好的親子關係。我覺得雖然爸爸對他有了缺失，但是他心裏面很希望親近爸爸，後來變成親近我，但我要照顧妹妹，他便感到失去了愛。」

　　父母關係不和睦，孝賢也很迷失，「我心裏有怪責我先生，但我不能說出口，因為他比較不能接受批評。作為爸爸他的本份做得不夠好，如果他和我做得好一點，可能情況不至於這樣。」所說的情況就是兒子感染愛滋病。筆者問她，孝賢在最迷失的時候有這個病嗎？她怪責丈夫之餘也自責，說：「我不知道他是不是那段時間最迷失，我只知道那段時間我應該做得最差，我和我先生關係最不好。」

　　失眠、消瘦，孝賢的身體揭竿起義，處處顯示這個小朋友有點不對勁，父母仍未察覺，直至丈夫在兒子背包找到不知名藥物，慈慧又在他衣服口袋發現伊利沙伯醫院收據，她不知就裏，打電話來問個究竟，這裏的護士保障私隱拒絕透露，即使親如病人母親也不例外。她放下電話，抓着兒子問：「你別瞞我，我很擔心，很擔心！」孝賢只好和盤托出，當下媽媽晴天霹靂，腦袋空

白，「腦袋轉來轉去，其實是想同一件事：這個病會致命！」

媽媽的責任很大，天塌下來只能接受，「我很自責，經歷了半年的情緒起伏，我的手抖震，是由內心震出來，身為媽媽，那種痛是在裏面，不能向人表達，向我先生也表達不到，就是震，兒子稍為夜歸我腦海已經無限想像。」雖然醫護人員告訴她這只是一個病，不是絕症，但媽媽總有媽媽的關切，始終覺得病毒在愛兒體內，不知他日怎樣。千頭萬緒卻要裝作若無其事，安撫孝賢；對方雙手也抖震，抓着媽媽的手說：「你別擔心，我不會死，就跟往日一樣，說不定這個病他日可以根治！」

慈慧向筆者透露：「我知道之後他很辛苦，我也很辛苦；我很擔心他，他也很擔心我，他擔心我知道他的病之後不愛他，我說不會，我反而擔心他逃避，會離開我們，我跟他說要一起面對。」何謂一起面對？自此每晚母子同睡；何謂擔心？她發現兒子睡覺時抽搐，原來他既怕病情，又怕因病影響學業，更怕家人嫌棄自己，千噸壓力只有在夢中發泄，在媽媽懷中釋放，「可能別人覺得奇怪，兒子這麼大仍倚着媽媽睡，但我知道他此時需要安全感。」

一個月後孝賢才「自立」，也只有身為人母才知道養兒一百歲，長憂九十九不是騙人說話，這位媽媽說：「我只說我要他身體健康，比起他的生命，其他讀書等事都不重要，做媽媽的只有一件事，孩子生命比任何東西重要。他將來的路可能比任何人都難走，無論生理、心理，我不能掌握他的生命，他要學懂怎樣管理自己的生命，我只可以在背後支持他，不能再像以前般替他處理。」

　　DSE 公開考試逼在眉睫，老師絕不看好，慈慧既為成績也為了讓兒子專心養病，建議停學一年，翌年重讀再考，孝賢卻堅持應考。上天給人考驗，也必賜予裝備，好媽媽不斷找來補習老師，伊利沙伯醫院專科診所醫護人員也鼓勵他用功，該院臨牀心理學家陳博士看出其專注力不足，傳授秘技，溫習每十五分鐘出外伸展放鬆，有事半功倍之效，「醫生、姑娘待他很好，因為我的兒子是一個需要很多愛的人，甚至在學校也很喜歡別人給他關注。」

　　一度被家人忽略，孝賢在醫護當中找到愛，對此慈慧衷心感謝伊利沙伯醫院，「如沒有醫護人員幫他，可能他會更加墮落，更加失去人生，所以我很強調他們用把他當成家人的方法去幫他，對這個年紀的病人很要緊，而不是當作外人，看完醫生便算。」

正當父母在孝賢人生摸索過程中缺席，醫護擔當家人角色，「醫護人員其實就等於他的家人，如果沒有這一部分，我相信他不容易重新站起，可能已是另一個世界。我是最遲知道他病情的一個，可能知道之後都未必幫到他；他們首先知道，輔導他，跟他同行，令他開放自己，否則他可能一世都不告訴我。」據慈慧說這個兒子一生充滿反差，兒時無憂無慮，不料日後驚濤駭浪；這時帶着所有不利條件走進試場，放榜竟然五科全部合格，升讀大專，修讀心儀的科目，日後還有望轉往正規大學，「我到現在仍跟他說他很幸運，他要珍惜。」

放榜後不久返回伊利沙伯醫院覆診，正好向醫護宣布好消息，情形就像面對親人，對方也將他視如己出，陪着高興，最開心自然是孝賢本人，慈慧解釋：「他很需要朋友的認同感，譬如他做得好你要稱讚他。香港的教育不是這樣，成績好是應該的，只留意最好的那些學生。他很需要別人認同、關注，很需要人關心、支持，這令他的路比較難走，因為人生不是經常有那麼多人認同你。有些人很有自信，他沒有，這是他的弱點。」

道路難走，幸得家人、醫護扶持，因此她說幸運，「他的人生很幸運，幸好有一班醫護人員，無論生理、心理都幫到他，在他最艱難的那段日子醫護人員的支持很重要，所以我經常多謝他們；他走運了，即使他的老

師也覺得他不會合格，他還很好運，可以讀他喜歡的科目。他從幼稚園入到理想的小學，由小學入到理想的中學，很多事都是幸運。」

一仗功成，孝賢人生有了生命動力，「以前他沒有動力，中學為了考試讀那些學科，中文不喜歡，數學又不喜歡，只修一科又不行。現在他專攻一科，又搞學會又識朋友，開心多了。我經常提醒他人生不總是這麼好運，他由中三開始成績下滑，直到中六，有什麼理由在幾個月之內追回？機會很渺茫。」當幸運來敲門自然要珍惜，但筆者狠下心腸問道，如果在這條幸運之路加上這個病，還算得上幸運嗎？

慈慧思索半晌，徐徐地說：「如果你加上這個病，他就不是幸運，但我沒有覺得太不幸，人生一定有經歷。兩面看吧，如果你信佛家，就知道人是要受一些苦的；就算你不信任何宗教，你受了苦自然會成長。每人都有自己的經歷，只是經歷過了，希望他會成長，但是這次代價很大，實在太大了，失去的比得着更多。有一段時間他覺得我們不疼他，他很迷失，這個病對他的啟發就是我們經歷了這麼多，最後他發覺爸爸媽媽很疼他。」

失落了幾年的家庭日，爸爸復出參與；失落了幾年

的爸爸模式，他也重拾，「我可以告訴你，發生了事情之後，我丈夫的改變很大，比我更大。我的兒子既怕爸爸，又渴望爸爸疼他，也感到爸爸疼他。」如今孝賢向爸爸說真心話，多過向媽媽說；做爸爸的即使愛煞了這個兒子也不肯宣之於口，卻用行動表示，「兒子今年用零用錢買了任天堂遊戲機，不到一周後爸爸又買了PS4，聲稱買給自己，其實是跟他一起玩，共有兩部，兒子很開心，我感到他很開心！」

小伙子不擅處理人際關係，不懂拒絕朋友的要求，爸爸教他正視自己的弱點。「人沒有絕對，你受過苦便更加珍惜。」慈慧說，「現在我丈夫很珍惜有一對子女，有一天找到舊照片，他說：『原來我的孩子這麼可愛！』這些是金錢買不到的，我說我們很幸運，孩子們還跟你親近，很多年輕人不與父母看電影、吃東西。」

關係講求付出與接受，這對父母向孝賢付出愛，也接受他這個病，「父母對子女的愛一定是無條件付出，但你不能要求別人付出；父母能夠做到的只是接受，你不可以要求別人接受，你只可以帶出信息，就是這個病不是絕症，大家應該要接受。為何醫護人員可以接受？他們有愛，我不是說其他人沒有愛，但你不是切身處地便感受不到，你在我們的角度想想就能接受。現在香港社會失去了關愛，如果人人只顧自己，就不會關愛他人了。」

有關愛滋病測試

愛滋病測試可診斷一個人有否感染愛滋病病毒。當人體受到愛滋病病毒入侵，免疫系統便會產生抗體來抵禦病毒，但此抗體並沒有保護作用。愛滋病病毒抗體測試能檢出血液內有否這種抗體，以確定是否受感染。傳統的抗體測試（抽血）需要大約一周才有結果，快速測試（篤手指／口水／尿液）則只需二十分鐘；但快速測試只能作為初步檢驗，任何陽性結果都必需再抽血，送往化驗所作確診測試。

一般人在感染愛滋病病毒後三個星期至三個月才產生足夠的抗體令測試呈陽性，這稱為空窗期，即使抗體測試呈陰性反應，仍能將愛滋病病毒傳染給他人。假如在空窗期內檢測結果呈陰性，仍不能排除沒有感染愛滋病病毒。為了確保測試準確，應於懷疑受感染的接觸三個月後再做愛滋病病毒抗體測試。

提供愛滋病病毒抗體測試服務的香港機構請參考第 166 頁。

愛・生命 說・故事

身經百劫
也在心間

黃蓉是個男同性戀者，不滿足於身邊伴侶，南征北討覓蜜運，遇神殺神百人斬，直至 HIV 病毒大駕光臨，更輾轉導致全身痙攣才收心養性。諸病交纏下他沒流過一滴眼淚，反而男伴憂戚，哥兒倆如此生活了十年，伴侶不以照顧他為苦，倒是蓉兒自己瞧着也討厭，也希望儘早自立，以免幾年後男伴變成老伴，不能再照料他，那時候相看兩可憐，為己為人終於狠下心腸作個了斷，獨居自力更生。關係變了情未斷，二人定期相見，更約定他日共赴郵輪，一起走到天涯海角，身經百劫也在心間，恩義兩難斷。

．．．．．．．．．．．．．．．．．．．．．．．．．．．

黃蓉與郭靖的故事跳出《射雕英雄傳》，走進真實世界。想當年郭靖上班見數字多過見人，沉默寡言，黃蓉每天面對上千人，長袖善舞多說話。一個南轅，一個北轍，人海之中找到了你，一切變了有情義，蓉兒這樣形容對方：「我較外向，他較內向，我有個比喻，我似白雪仙，他像任劍輝；我似（小說中的）黃蓉，他像郭靖，我較多鬼主意，他卻像木頭。」

本文兩個化名就是來自第二個比喻，起碼筆者眼前這位是個不折不扣的俏黃蓉，他澄清：「我只說黃蓉，是你說俏黃蓉，我不會形容自己俏！」小說內外兩個蓉兒都遊戲人間，跳脫不羈，本文主角說：「有病之前什麼都不怕，大智若愚，我不喜歡競爭，寧願做第二，

你要做第一悉隨尊便。你捱更抵夜讀書，我看歡樂今宵。」他性格鮮明，郭靖則慢條斯理從容不迫，踢一腳滾一滾，有如一根四方木，情急時候惹人生氣。

筆者不認識這位靖哥哥，聽起來一無事處，其實他年紀較大，老成持重，面對大事他說了算，黃蓉從來不敢違拗，例如租房子，郭靖選了哪區，黃不便多言；黃喜歡狗，郭卻怕狗鼻子濕，這家人便不養狗，看來這段關係當中郭是丈夫，黃是妻子，蓉兒說：「你可以這樣說，他姓郭，朋友叫我郭太。」

究竟他喜歡這段木頭什麼？他反問：「不如你問（小說中）黃蓉喜歡郭靖什麼。選玩伴與選伴侶是兩回事，選玩伴要靚仔、健碩、好玩，選伴侶要他不出去玩，我看中他不貪玩，不花俏。」也就是說蓉兒本人又花俏又貪玩，就算你一世人做我的一半，承諾太多還是會悶，哪個少年不輕狂，他自認當年頑皮了好一陣子，愛人不少，情在我手，隨便戲弄，因此才選了個性格跟自己截然不同的郭靖，為這段關係增添穩定因素，「我就是怕出去玩碰見他。」蓉兒此舉似乎有點自私，「也不能說自私，狡兔三窟而已！」

其實靖哥哥身邊脂粉不少，卻是女人，原來他從英國學成歸來，一身紳士風度，雖然他愛男不愛女，對女

士們還是大獻殷勤。公司周年聚餐抽獎，他得到相機卻用不着，隨手轉送秘書，秘書還道上司向她表白，於是留下字條答謝贈機之恩，示愛之德，小女子終生不敢有負，黃蓉說到這裏不禁心中有氣：「當時他不大懂得香港人情世故，我勸他在英國學會的那套不要隨便用在香港女人身上。他幫女人拉椅子，對方不會誤會嗎？他被我罵得多了，後來完全變回香港仔。」

何是世間情，情恨永相連，一天蓉兒驗出愛滋病，他也真的玩得起，放得下，畢竟之前有個男朋友正正死於這個病，不會完全沒有心理準備，「有了此病這麼久，我未曾流過一滴眼淚。」筆者問得直接：「為何未曾流過眼淚？」他的答案更是到位：「為何要流眼淚？」甚至沒有不開心嗎？「不開心解決不到問題。」昂首問天，何必偏偏選中我？「我沒有問，一切皆有定數。」反而郭靖擔心愛人安危，哭着打電話到外國找幫忙，黃蓉說：「一向我比他堅強，他情緒比較大，我反而沒有情緒。」

猶幸靖哥哥沒有感染 HIV，筆者想知道他怎樣安慰蓉兒，蓉兒反問：「我哪用他安慰？他的弟弟做醫生，知道我的病，他說這個病未必只有一個結果（病發身亡），例如我便做了另一個結果出來。之後郭靖也沒什麼，可能他知道自己有情緒對我也不好。而且我想說，

這個病也好，癌症又好，很會嚇人，你越將它當作一回事，它越纏繞你，所以我將它視作傷風感冒都不如，傷風感冒還要吃幾粒藥，我現在（每天）吃一粒藥，比感冒還要小事。人生無大事，我一覺醒來什麼都不記得，否則可以怎樣，推開窗跳出去嗎？」

HIV感染病發出現併發症（患者診斷有進行性多灶性白質腦病）導致痙攣。愛滋病早已不是絕症，病前病後日子改變不大，腦病導致痙攣卻令人生不一樣，初時嘔吐不絕，頭部不由自主撞向枕頭，經治療後這些症狀一去不返，但說話能力也共同進退，他只能點頭、搖頭示意。往日口若懸河喋喋不休，這時有口難言，究竟是多麼痛苦的一回事，筆者不會明白，他說：「我也不希望你明白！」萬一金庸將筆下黃蓉變成啞巴，情形一樣難以想像，「也說得是，腦袋裏面想到很多，但不能告訴別人。」

由於病情着實嚴重，轉介靈實醫院接受紓緩治療，該院護士讓病人圍坐傳遞氣球，輕舒雙手，蓉兒也是坐上客，得糖果數顆作獎賞，「我心想留待我死了才派糖果吧（喪禮吉儀內藏糖果）！我心想不要搞我，但我說不到話，被姑娘推了過去，之後我跟自己說，我要努力表達自己，之後我便跟時間競賽，要照顧好自己。」言語治療師幫助不大，反而每夜自己讀報紙練習，經過不

知多少個晚上，才得以一個字一個字吐出來，今次訪問就是這樣進行，筆者聽得吃力，但比起說話的一方實在算不上什麼。

當初黃蓉料想性命就在旦夕之間，沒料到死期不斷延誤，靈實醫院請他回家休養。晃眼十年，性命仍未撤退，他也沒想過自作主張了斷此生，「可能是宗教背景，自殺好大罪孽，死亡不是一個完結，是無止境循環。」本來想到左右是個死，乾脆置之度外落拓不羈，一身肥腫難分。光顧理髮店自然要躺上洗頭椅，對痙攣人士來說卻是跨越不過的障礙，他索性任由頭髮生長如亂草；後來既然活下來就要活得像樣，光顧菜市場的理髮店，取其不用洗頭，二十五塊錢幹掉青絲煩惱。

十年來沒怎麼見朋友，這時要露面見人，「去年全年我只見了四個朋友，今年見多了。我做人不求台上表演精彩，但求落幕背影走得瀟灑，我也希望朋友想起我是靚靚仔仔，不是這個樣子（披頭散髮），所以那十年很頹廢，躲起來不見人。後來死來死去死不去，才拾回面目見見朋友，轉捩點是原來不是我先死，而是一個好朋友先死，他離開了，我很後悔為什麼一直以來沒跟他好好相處。後來我跟自己說，朋友沒事要多相見，我便收拾心情，收拾樣子見朋友，現在我有空便約朋友見面。」

自從有病便收心養性，退出酒肉江湖，「不收心養性不行，我現在還可以做什麼？」十年來郭靖一直照顧他，不離不棄，卻沒有做特別事情以示支持，蓉兒說：「不做特別的事便等於支持，當你做特別的事反而覺得有事。」只是他的身體情況令這段關係由情人變成親人，筆者想知道靖哥哥可有另覓蜜運，「據我所知他沒有，即使有，我也不會怪他，我也叫他找自己的幸福。」然而金庸筆下的郭靖不偷腥，「他不偷腥是他的事，我不介意他偷腥，自己做不到的，不要禁止別人走他的路。」

靖哥哥哪時候離場？「不是他離場，是我離場，是我要搬走，但仍保持良好關係。」二人不做情侶了？「我不能這麼自私，我現在這個樣子，我叫他給自己機會。我跟一個人一起，不是要他照顧我，而是要他開心，他找到他的開心就好，終日對着我不會開心。」幾十年感情怎能輕易放下？「不同住不等於沒有感情，感情昇華了，分開住不代表什麼。」分開住代表分手？「我不同意，分開住不代表分手，科技發達，網上可以見面談話。」

可見蓉兒很為對方着想，「也不是完全為他着想，也是為自己着想。」他心中自有盤算，郭靖年紀比他大得多，終有一日可能照顧不到他，而且對方有工作，跟

他同住難以申請政府福利,「如果他忽然離去,沒有人照顧我,我又照顧不到自己,那時候我就賤過狗。不一定是我先走嘛,可能他是先走的一個,到時我媽媽又老,照顧不到我,我又照顧不到自己,老人院也不收我。不如乘着年輕還有些毅力,儘快與時間競賽,如果現在才開始學(自立),可能學不到。」

靖哥哥當然不捨,哭着留人,黃蓉以植物「黐頭芒」稱呼他,意指死纏爛打,每每罵他:「死開啦,成日黐住晒!(滾開,不要終日纏着我!)」問世間,再沒有第二句「死開啦」比這句更淒美,更哀痛,他甘願讓路,從刻骨銘心的關係抽身出來,成就對方的人生,「我不想做任何人的包袱,永遠都是靠他力不如自力。」

獨居自立後果然很快申請到公屋及社會福利署送飯服務,飯菜本為獨居老人而設,清淡健康,「很好笑,你見識過沒有骨的排骨嗎?他們擔心公公婆婆鯁喉,排骨去骨。」鐘點工每星期上來一次,換牀單,洗衣服,蓉兒又以電動輪椅代步,衣食住行生活四大課題全部 KO(擊倒),「英文字 impossible 分開就是 I'm possible,問題不難解決,最緊要認清問題是什麼。有這個病心態很重要,吸引力法則嘛,你覺得自己沒事,那就什麼事都不錯;你覺得世界欠了你,你什麼都沒有,那麼不好的事都發生在你身上。」筆者覺得道理很

高深，「你覺得很深，我覺得簡單，我從小到大都是這樣。」

最初他不勝郭靖煩纏，答應過時過節見面吃飯，對方揭竿起義，抱怨見得太少，最後大家同意每月見一、兩次。蓉兒提議幾年後靖哥哥退休換身分證，一併申請護照，那時候一起登上郵輪；飛機座位太窄，不適合痙攣人士，「輪椅上郵輪比較方便，很多老人家都是這樣，上到郵輪吃吃喝喝，到了一些地方泊岸我不下船，他自己上岸去一日遊。」萬水千山此生有人相攜又相倚。

黃蓉媽媽瞧着他們也感動，叫兒子多謝郭靖，蓉兒透露：「當初我叫姊姊不要將我這個病告訴媽媽，但總知道紙包不住火，後來媽媽知道了，來醫院探望我，痛哭。我跟時間比賽，在媽媽百年歸老之前讓她看見我可以獨立生活，現在她看見啦！」除了靖哥哥，家人的愛也扶了他一把，「我看見復康進程理想的人，大多和家人關係不錯；和家人關係不好的，很多很快就不在了。幸好我所有家人都知道我有這個病，很支持我，哥哥讓我接觸姪女，知道不會傳染家人。」

可惜爸爸不在了，蓉兒窮一年功夫用墨筆抄寫《地藏經》，獻給亡父，「他離去至今我都去不到他的墳頭

上一炷香，便抄經書，明年清明哥哥、姊姊拜山時在墳前燒給他。」說得輕鬆，做起來可要人命，原來他在小學時期最怕上書法堂，同學打開墨盒，鹹魚臭味撲鼻而至；另一個同學見墨盒乾涸，吐口水下去，這影像令蓉兒留下童年陰影；還有更可怖的，有一次他打開墨盒，看到裏面有蟲，嚇他個半死。

投身社會二、三十年來多打字，從沒執筆寫文章，人到中年痙攣纏身，眼睛又不好，集齊所有不利因素，反而研墨成汁，化汁為字，每天寫八行，上午四行下午四行，風雨不改年終無休，「最初好像麥兜寫字，又像幼稚園學生，後來寫得好些，定了很多。」去年清明開工，直寫到今年清明方始完工，「在家中無所事事，電視看不了這麼多，便寫寫字。人到五十要知命，要學一門手藝，像周星馳說，人沒動力跟一條鹹魚有什麼分別？即使退休後也要學習，否則很快說再見。」

昔日多說話少寫字，如今反其道，每天說不到十句，受訪這天說話比去年全年加起來更多，但相信跟去年閉關少見朋友，少上街有關，「我說話不方便，如果有選擇寧願寫字給別人。人家不知我情形，我試過打電話給對方，他以為我玩電話存心作弄，沒聽我說幾句就便掛了我的線。現在我要聯絡朋友，便託別人幫我打電話，而且科技幫忙很多，不一定要打電話。」

　　三屆重量級拳王阿里年輕時說話從不讓人，罵人速度快過火箭，似乎上天要這個人感受張口結舌是怎麼一回事，後來患上柏金遜症，說話慢過坦克車；黃蓉的情況如出一轍，他說：「就是上半生說話太多，上天要我下半生不說太多，所以現在不方便說話。」鐵齒銅牙變成結結巴巴，造物弄人莫甚於此，但事件主角毫不介意，如今有些事甚至不說出口。去年七月看牙醫，刻意裁短一隻門牙，令本已不高的語言能力更打折扣，「我提醒自己不要說得太多，言多必失，現在我看穿不說破。年紀大了，歷練多了，經驗便多了，知道話不要多說，凡事不要做到盡。」

　　也許是佛教啟發，也許是身經百劫的覺悟，他不以愛滋病、痙攣為苦，每三個月返回伊利沙伯醫院專科診所，不是覆診，而是回去見見醫護朋友來着，「我覺得我有這個病，要坐輪椅，是我其中一個使命，要我多跟別人分享。這個病我不覺得是一個苦難，我覺得是一個蛻變的過程，之前是一條毛蟲，有了這個病便結蛹，將來變蝴蝶還是飛蛾，視乎我自己領會到多少。」

　　他雖不修行，境界卻高，或許寫書法就是修行，他謙稱：「我只是小人物，還不是人一個，日食一碗飯，夜睡半邊牀，還有什麼特別？特別在我不夠高推開窗跳下去……即使夠高我也不會，說笑而已！」人生無常，

變幻才是永恆，究竟改變是危機還是轉機，視乎心態，「現在這樣我也感恩，祂（上天）給我一個學習過程，學會什麼是愛。初期有病很多人照顧我，我不大懂得愛是什麼；現在雖然我拿傷殘津貼，但我捐獻出去；以前人家照顧我，現在我學會了，拿出來回饋社會。」

黃蓉不做周星馳口中的鹹魚，那要做什麼？他說：「我立志要學做一根蠟燭！你兒時在中秋節玩過燈籠沒有？自己那根蠟燭點着了，再點別人的蠟燭，自己不會少了，但別人就繼續發光發亮，我現在就是這樣，首先點亮自己，然後點亮別人。事事做好自己，給別人看，給人希望，光說沒用，要做給人看。我的使命是向別人分享我的故事，我說就說不到了，靠你的筆桿傳出去。」

這不只是一張蓉兒自己能執筆寫的字帖，而是他的復康成績表。

晚期診斷的後果

雖然雞尾酒治療法令愛滋病不再是不治之症,但如果診斷時已是晚期的話(已出現愛滋病界定疾病或 CD4 白血球少於每毫升 200 細胞),治療效果會減弱,存活率亦會大幅下降,也會增加因住院相關的醫療支出。

有感染風險人士沒有定期做愛滋病病毒抗體測試而到晚期才發現感染,其中原因有:早期感染還沒有病徵和身體沒有出現異樣、擔心確診後受到歧視、害怕會失去伴侶或工作、擔心得不到家人的支持等等。解決方法包括對高風險社群推廣及早定期檢測的重要和好處、更多更方便的抗體測試途徑和地點和消除社會對愛滋病的標籤和歧視等。

愛・生命　說・故事

Positive 媽媽
Negative 娃娃

欣欣是愛滋病人，HIV Positive，她樂觀對待這個病，正面看人生，除了 HIV，她的處世態度也很 Positive（正面）。今時今日只要定時服藥，這個病死不了人，她渴望做媽媽的心也不死，多得伊利沙伯醫院專科診所嚴格做好下一代品質管理，這位病人誕下一子一女，孩子有齊媽媽的良好品質，就是沒接收她的病，兩個都是 HIV Negative。

　　本文女主角一直努力規劃人生，22 歲之前要拍拖，25 歲要結婚，拍拖那個就是結婚對象，27 歲要生孩子，可是期間卻發現身染愛滋病，她說：「慢慢發現不是所有事都在自己預計之內，有這個病的得着是處理突發事情，心會平靜很多。」劇情發展不受此症阻礙，她 19 歲便認識了男主角向榮，22 歲一起買了房子，23 歲便拋出結婚方案，給小子兩年功夫考慮，人生規劃似有超額完成之勢，沒料到兩年後向榮化身愛的逃兵。

　　訪問中欣欣剖白：「當時 HIV 病人還未可以生小朋友，我有個想法沒有跟他說過，是不是因為我不能跟他生小朋友，所以他很糾結？」做得到丈夫做不到爸爸，是男主角的憂慮？「我有這樣想過，但我沒有問過他。」向榮沒有 HIV，一早接受了對方有這個病，這時他承認：「結婚但沒有小朋友，那為什麼結婚？兩個人同居都可以啦！」限期屆滿，他終究簽了婚書，承諾一

生，「我有妥協，沒有小朋友就沒有小朋友吧，可以嘗試領養。」

一天伊利沙伯醫院專科診所李醫生主動跟欣欣說：「你結婚幾年了，考慮生小孩麼？我們可以談談。」原本為人父母的心願已放入堆填區最深處，突然穢土轉生，她說：「整件事令我很雀躍，這就是我，面對新嘗試很有幹勁，我覺得生活有新衝擊。」不怕希望變失望？「不會，起碼嘗試過。我老公說，你埋頭苦幹如果輸了，起碼你努力做過不會後悔，但如果試也不試，努力也沒有努力過，你之後就會後悔。」李醫生卻怕年輕人太努力立即開動生產線，叮囑從長計議。

筆者問這兩口子怎麼不怕病毒傳染胎兒，向榮有話直說：「知道她有這個病的時候真的不想再有下一代，不想孩子也有她這個病，不想這個病在我的身邊再出現，但醫生說超過九成會沒事，我當然相信醫護。他說八成我還要考慮，既然差不多 100%，不用考慮。」欣欣說：「懷孕之前姑娘告訴我，這情況下生出來的小朋友，基本上感染機會跟你使用安全套仍有 BB 的機會差不多。」

正確和每次使用安全套懷孕的機會大概 2%，因此她也只有甚至少於 2% 擔心胎兒有事。醫護團隊企劃一整年，隆重有如對待古代帝王，終於萬事俱備，綠燈亮

起，恭請兩位大駕動土！然而人生無常世事難測，兩夫妻在此之前已偷步開光，更不設任何防禦，不久宣布有喜。雖然當時欣欣年輕，院方還是提供 3D 超聲波等檢查。女兒呱呱落地，驗血揭盅，HIV Negative，掌聲鼓勵！

天意不弄人，人亦弄人；上天眷顧這個女嬰，欣欣的大姑（向榮姊姊）亦然，她打算拿去照顧，一日二十四小時絕無間斷，並請孩子的父母周末過來探望。欣欣斷然拒絕，大姑、婆婆（向榮媽媽）便起義聲討。向榮可以從容接受愛滋病，在婆媳糾紛跟前卻崩潰了。妻子痛恨賭博，他偏偏沉迷足球博彩，欠下一屁股債，欣欣代他還清，帶着女兒返回娘家。

就形勢惡劣之盡頭，滿腦子離婚方案、孩子撫養權誰屬，一直疼惜妻子的向榮說出平生最惡毒的一句話：「你有這個病，不能跟我爭！」欣欣無計可施，找上伊利沙伯醫院專科診所護士于姑娘，對方也慣了噓寒問暖、輔導婚姻，出盡法子找來向榮說情說項，終於家庭荒誕劇沒演變成悲劇。

破鏡重圓不久計劃第二胎，醫護團隊又如法炮制，欣欣又順利懷孕，難題一樣有。那年頭很多單非、雙非孕婦來港產子，其中有一個衝閘，在救護車上按捺不

住，嬰兒頭部率先跑出，插隊先入手術室，可憐欣欣苦等四、五小時以至穿羊水，腹中兒子羊水入肺，出生後住進新生嬰兒深切治療部，護士經過拋下一句：「你的小朋友可能感染了。」

欣欣頓時被恐慌吞噬，難道感染 HIV？轉告丈夫，當時向榮反應一如當年知道她有愛滋病時那樣，冷靜地說：「感染什麼你也未知，不要多想，明天約見醫生問清楚。」次日醫生看過報告，說：「真的感染了！」好媽媽忙問：「感染什麼？」「感染肺炎嘛，你以為什麼？」「你下次可以講清楚一點嗎？」

訪問時向榮解釋鎮定之謎：「你越複雜化，你越要想，問題就越要纏繞你，你只有辛苦。如果姊姊（女兒）感染了 HIV 的話就不會有弟弟；如果姊姊不受感染，弟弟一定不會有事；如果姊姊沒有弟弟有，可能性很低吧。」

倒帶 2003 年欣欣發燒、肺炎，一病好幾個月，須知道 2003 如此一個年份加上肺炎及發燒等關鍵詞，這個組合很令人膽喪色變，就連她本人也曾懷疑自己感染沙士，入醫院受過隔離。一天去看醫生途中暈倒街頭，救護車送入明愛醫院，兩害實在不知怎樣取其輕，報告寫上愛滋病而不是沙士，故轉介伊利沙伯醫院專科。

欣欣憶述當時心境：「我覺得自己會死，應該準備要死。」當時男朋友向榮反而看得開，說：「人就是要經歷生老病死，只是可能你經歷的時間比較短。」一起聽過專科醫護講解治療方法後，他又跟對方說：「即管試試吧，反正你沒有其他辦法，檢查到什麼病總好過檢查不到什麼病。你這個病還有藥物控制，存活率可能比有癌症還高。」

　　對方還是墮進恐懼深淵，躲在深閨不出，向榮奮力將她帶返人間，如此這般她便接受了這個病，前後只是一、兩天功夫。愛滋病曾有世紀絕症之稱，欣欣克服起來比很多人面對失戀還要輕而易舉，對一般人來說實在太過容易快捷，但她認為不管所患何病心境開朗有助治療：「其實我不明白為什麼不樂觀，你要生存，你究竟要開心地生存，還是行屍走肉地生存？我總覺得人一定要有經歷才可成長，你經歷過，你的想法會比一般人成熟，你面對其他人覺得很困難的危機時你都會覺得很輕鬆。」

　　驗血證實向榮沒受感染，問題來了，當時男未娶女未嫁，他大可以選擇一個沒有這個病的女孩子，幸福快樂地生活下去，他承認：「我有想過這方面——這件事我沒有跟她說過——但我覺得不需要再選擇，因為已經選擇了她。除非不在一起，既然在一起就要接受以及承

擔她的病。」

傷風是個病，愛滋病也是病，然而後者的病人受到歧視，就是因為感染過程可能涉及性接觸，向榮說得簡單：「我不管她什麼病，總之有病我就要負責她所有需要的。」還是欣欣講得詳細：「他跟我講過一句話：『這是你的過去，你的過去我不在，也過去了，但是你的現在有我在，就一起承擔吧！』」

向榮對人生看得透徹，因為自己也試過由死轉生。他從小患上嚴重哮喘，十一歲那年病發尤其要命，當時同行小友召來救護車送他入醫院搶救，「媽媽說我已經走了，心臟停了，但我自己走回來。」長大後哮喘仍然纏繞，一輩子跟死亡那麼接近，因此什麼事都不放在心上，既然兩口子都是慢性病人，每天服藥，正好互相扶持，「我很樂觀，我跟她說天掉下來才算吧，不然怎樣？這個病已經成為我的朋友，看看什麼時候捱不住。」

欣欣補充：「他從小到大進進出出醫院，經常覺得自己快要死。他自小不停經歷這東西，當他面對任何疾病都看得很開。如果反過來我沒有 HIV，我跟他一起，你可能就會問我為何這麼奇怪，丈夫有哮喘你仍跟他在一起？他也不想被人知道有哮喘，你問他就知，其實我

們的心態很接近，他體會我的心情，但我未有 HIV 時未必體會他的心情，可是當我有病就明白為什麼他要躲起來噴藥。問題帶出了不論你是 HIV 也好，任何一個慢性病人都好，你面對的問題是聽不聽話，有沒有定期覆診食藥控制好自己的病。」

哮喘與生俱來，愛滋病卻可追溯源頭，筆者千般不願也要問她病毒怎來，她答得直白：「你不用擔心有問題不方便問，因為你的想法很多就是我們這個病病人的經歷，我們會回想之前有幾多個性伴侶，可有機會傳染給其他人？其實這點很重要，這個病最難處理的地方不是個別病人，而是人傳染人，那個三角形一直擴大，你怎樣將這個病給人認識多一點，對這個病知識範疇多一點，怎樣預防。」

因此欣欣很強調性道德，「但是找不找到病毒來源？又未必找到，當初發現有病于姑娘也跟我說，有些人可能只有一個（性伴侶）就感染，所以是不是真的有需要回溯以前的歷史？我探究過，在我丈夫之前只有三個男朋友，數過手指，想過一段時間想不到便放下了。我覺得過去已經過去，找到答案當然最好，自己一個解脫，找不到答案自己也要生活下去。」

活下去就要解決問題，包括自己心結，「我們經常

說得到這個病最大的陰霾是你不能將自己走出來，你一直覺得自己是一個很骯髒的人，『我的生活不乾淨，所以我有這個病』，這是別人標籤你的看法，但如果當你都覺得自己是這樣，基本上你的生活不會正常。但是當你告訴自己我和正常人沒有分別，我也是正常人，我也一樣要吃飯、逛街、看電影、拍拖，我要結婚、我要工作、我要去旅行，你的生活就變得正道很多。」

既然欣欣如此樂觀，未幾上天再出題目，當時雞尾酒療法已經面世，她用藥後全身腫脹，臉面更有如豬頭，原來她對該藥物敏感，她只好又再躲起來，「因為這個病最不開心的是豬頭樣衰（醜怪），其實不是這個病，是藥物敏感。你問我有沒有最低潮的時候，就是當時，以為長此下去都是這樣敏感不會好。我有這個病就要吃這些藥，我試了很多不同藥物仍是敏感，我覺得其實不會好，只會一直敏感，那我就不想出街。」

伴侶有難又是向榮出場的時候，當下告訴她：「樣子美醜都一樣要生活，躲在牀上睡覺你覺得這是你要的生活嗎？你試試過正常人的生活，看看會不會好起來。」欣欣又因此回到俗世，她說：「每次都是他講一、兩句說話，我就覺得『是啊！』就這麼簡單。」筆者還是覺得太過不費吹灰之力，「我們兩個是什麼人？我們不會覺得有一個困難令我們覺得不能走下去。我們經常

說，只要你不死就要繼續走下去，所以要解決問題，我們兩個都有同一想法。」

欣欣為了這個豬頭不得已經常向所屬公司請假，僱主不得已讓她辭職，帶着一個月代通知金離開，欣欣打從十六歲起工作一直沒放過長假，正好去旅行一樂也。敏感方面，幾乎試盡當時已發明的愛滋病藥物，到了倒數第二種終於遇上不致敏的。

其後計劃生孩子，為防影響胎兒發育又要轉藥（某些愛滋病藥物不適合在懷孕期間使用），當初血汗報廢，換作別人可能寧願沒子女也不再轉，但她的樂觀性格無可救藥，「我很開心，快給我試！」後來又向一雙子女傳授同一套心法，無論遇到什麼困難一樣從容面對，「你現在面對這些困難覺得捱不過，但當你解決這個困難之後你就會發現自己忽然間成長了。」

一次她的哥哥被情所困要生要死，她訓斥道：「如果選擇不死繼續行這條路，你就要想辦法解決，沒有其他人比我說這句話更加有力，我正在經歷當年別人所說的絕症，我怎樣處理你看得見，其實沒什麼解決不到。其他人跟你說可能沒有說服力，但是你不能在我面前說你想死！」

●

　　欣欣的原則性很強，向榮每次憊懶便要捱罵，「我說既然你選擇了生小朋友，你有責任教養，我說你別無他選，人人都可以疲倦，你是他們的爸爸，你沒有資格疲倦！」向榮總是認同妻子，說：「通常一凹一凸才可以走在一起，如果大家都是箭頭，死得很快。」欣欣回望半生，得了這個病，贏了家庭，得大於失，「我覺得我有這個家，有個老公被我罵，有兩個子女整天很吵，幻想也幻想不到（有病）十多年後的今天我擁有這麼一個家。」

不要逃避，才能在「影子」裏看見心中的彩虹。

母嬰傳染

透過藥物治療，愛滋病病毒感染者能夠擁有健康的體魄，加上藥物治療能夠有效防止病毒傳染予伴侶及嬰兒，所以女性患者亦能夠組織家庭、生兒育女。要有效防止母嬰傳染，儘早診斷，以及於懷孕時期持續使用抗病毒藥物至關重要；現時很多常用的抗病毒藥物，孕婦均能安全使用而不會對胎兒構成傷害。此外其他預防措施還包括適時採用剖腹分娩、給予初生嬰兒預防藥物，以及避免母乳餵哺等。通過以上各項預防方法，母嬰傳染機會由百分之三十到四十，大大減低至約百分之一。

若要各項預防母嬰傳染的措施發揮最大效用，首要條件是儘早把已受愛滋病病毒感染的孕婦診斷出來。自 2001 年 9 月起，香港實施「產前愛滋病病毒抗體普及測試」(Universal Antenatal HIV Antibody Testing Programme)，替所有於本地做產前檢查的孕婦作血液化驗。這個計劃實施以來，年均檢驗覆蓋率達到 96% 以上，每年診斷出若 5 至 10 個受 HIV 感染的孕婦。自 2008 年起，香港於所有產房推行「愛滋病病毒抗體快速測試」(Rapid HIV Testing)，替一些即將分娩而未曾於本港作愛滋病病毒感染檢測的孕婦，進行只需二十分鐘的快速測試，此舉有助及時為分娩中的孕婦及初生嬰兒採取抗病毒藥物治療，以減低嬰兒受感染的機會。

由 648 門牌說起

文：韋柏

648 的確是一個非常特別的內科診所（即舊專科診所），回想起來，這裏打從選址和布置，應該都經過精心考慮。第一天踏進這棟日間護理大樓時，仍未從得悉罹患此病的打擊中回過神來，加上人生路不熟，電梯到了 6 樓，徬徨無助感覺迅速佔據腦袋。這時房門上低調得來又恰好足夠注目的「648」門牌，竟徐徐映入眼簾引路。這診所沒有顯眼的部門字號，看起來像一間毫不起眼的儲物室，為的顯然是保障着我們最需要的私穩。它沒有因為治療使人聞而生畏的疾病而躲在樓層盡頭，反而在一出電梯最當眼處用圍板封出一隅，讓每一個「新丁」都能輕易找到。

我成為 648 的新丁要從 2010 年說起。確診正值事業如日方中的時候，先是體重暴跌 40 磅，繼而患上肺癆，持續一年需同時服用雞尾酒療法和令人極為疲怠和不適的抗癆藥。肉體的受罪還忍得住，心靈的創傷才教人難以承受：復工經已遙遙無期，自信亦隨着曾經引以為傲、慣用以作為誘餌工具的軀殼枯萎崩壞而動搖，情況就像潘瑋柏在演唱會彩排受傷重創一樣，在一切都準備就緒、如箭在弦之際，主角突然倒下，自責、愧疚、絕望無從排遣。

上天要我親歷開到荼蘼的一役，必定有其原因，說不定是一次警示。不過，我做錯了什麼嗎？米蘭昆德拉

的《生命中無法承受的輕》之所以打動無數人心，不是因為他洞察得到人生的真相麼？男主角 Tomas 一生從容自在地過着靈慾割離的生活，豈不是人類經歷億萬年進化後遺留下來的原始獸性所軀使麼？為什麼愛滋病要選上我？難道只不過因為我遺傳了雄性動物的天性？或者只怪我不幸，不知在哪一晚遇上了一個可能不知自己帶病毒的感染者？同志豈非本來就是高危一族，染病不是早晚的事麼？

環顧 648，除了幾位醫生和其中一位文員，清一色是全女班。她們真的會明白，眼前這班男人為什麼會如此縱情色慾嗎？若果就連我自己都覺得患病是活該，難道她們就不會抱着這種想法嗎？

然而，在這個專科診所的空間，病人不會感到遭受批判的壓力。她們從不怪責，更不會看不起誰，極其量只會苦口婆心地勸導你，戒掉某些不良的生活習慣，並從多方面提供協助。例如我有嚴重依賴安眠藥的習慣，她們總是建議我嘗試減少劑量，介紹各種改善失眠的正確方法。她們用非凡的耐性、關心和同理心，去顧及每位病人的感受，因為她們知道，要贏得病人的信任，病人才會願意定時覆診，遇事才會坦誠相告，最終得益的亦是這班病人。

有時她們竟比我更着緊，有一陣子 BMI 和壞膽固醇也超標了，她們連忙查詢我的日常餐單和運動量，日子久了，這裏令我覺得有一種很特別的感覺。

我相信預定論，但不相信絕對的宿命，即是説，儘管我已獲安排登上一班預定了的航機上，飛機最終要飛到哪裏、旅程中我會被困在無水無食物的廉航經濟客位，還是安坐在供應豐富餐膳的頭等艙享受一流服務，應該存在一些可操作的開放式空間。執筆時想起一則外國新聞，一位年輕少婦在公路翻了車竟然大難不死兼絲毫無損，爬出車廂後卻不顧旁人勸阻，執意返回已反轉的坐駕取回銀包，結果遭後來的車輛輾斃。此謂一念之間。

為什麼拉到老遠的預定論去？早在畢業後第一年，我就在銀行開設了一個儲蓄戶口，帳戶最尾的 3 個數字就是 648。後來認識了男朋友，在另一間銀行開設聯名戶口，帳戶最尾的 3 個數字，又是 648。那時我還未確診，算起來可能是剛剛染病。沒錯，這一幕預定了的劇情，也預告了男朋友成為病毒感染者，提早跟 648 結下不解之緣。

人若果不懂得從錯誤中學習，活着並無意義。我不敢妄自猜度或假定，上天要以這個特別的病，給我一場

特別的懲罰或試煉。我只相信，儘管我被預定同志，甚至被預定要身罹此症，也一樣可以自選生活態度去渡過下半生。

重建身心健康的康復過程相當漫長，猶幸得到 648 診所每一位醫護人員的看顧，特別是阿姍姑娘和詩雅姑娘的支持，陪伴我渡過了最艱難的時刻，尤其進展緩慢而反覆的第一年，若沒有她們在旁，實在不知如何撐下去。正是因為她們的鼓勵，令我確信必須選擇勇敢地面對疾病，而且在康復進程上不容怠慢，免得辜負了她們的心機。每一次坐在沙發上，只見到她們忙碌地團團轉，都令我對她們的工作熱誠感到驚訝。對，或許你也留意到，在這間特別的診所內，竟然有幾張跟兒時家中一樣的沙發！那一種很特別的感覺，或許就是「家」的感覺。每次覆診，竟然都像回到家中，我不禁想，在公營醫療體系中，到底有多少服務單位能做得到。

今天我已像潘瑋柏一樣完全康復，也跟他一樣隨着年齡增長在體型上流露一派幸福，同時不斷反思上天的警示——說到底，找來 100 個關乎生物學和社會學的藉口之後，我就是一直拒絕承認，不安全性行為，是感染愛滋病的一大危機，亦是我的故事情節最合情合理的解釋。尼采曾說，真正的男子畢生渴求着不過兩件事：危險和遊戲，他彷彿說穿了同志自陷的兩難局面——認識

幾位朋友，確診後比以往更無拘束地進行不安全性行為。我倒認為，惡毒縱慾不如為自己積福。期望借這篇文章感謝和表揚 648 全體醫護人員之餘，也為所有曾在 648 沙發上坐過一陣、同已領了一面黃牌的老鬼和新丁，帶來一點啟發和裨益。

可否根治
愛滋病？

愛滋病可不可以根治？答案有兩個，可以及不可以。為什麼説可以？因為早在 2008 年就有第一位愛滋病病毒感染病人被根治了。這位被稱為「柏林病人」的感染者患上了淋巴癌而需要進行骨髓移植，他的醫療團隊便借機為他找來天生有基因突變的骨髓捐贈者。這骨髓捐贈者的淋巴細胞因為天生的基因突變以致缺乏了愛滋病病毒進入細胞必須的表面受體，因此「柏林病人」在骨髓移植後就「免疫」於愛滋病病毒的入侵，停服抗病毒藥物後身體也偵測不到愛滋病病毒。

那麼又為什麼説愛滋病不可以根治呢？因為骨髓移植是高風險的醫療程序，而且帶有相關基因突變的骨髓捐贈者少之又少，所以骨髓移植不是一種可行的愛滋病治療方法。那麼是否在可見的將來還不會有根治方法？雖然在過去三十多年科研人員也未能研發出實際可行有效的根治方法，但在過去數年在不同領域都有些突破性的發展，例如免疫治療及基因編輯。希望在不久的將來愛滋病可以能夠真正被根治而感染者不需要長期服用藥物。

愛·生命 說·故事

病人心聲：

世界變

文：阿朗

世界隨着時間每一刻跳動而改變，每個生命的色彩亦在時間流逝中加上不同的色彩，有時是白色，有時是黑色，有時是色彩繽紛的五顏六色，而在 2012 年開始，我生命染上了黑色，我在 2015 年寫這「給自己的信」是要提示自己和鼓勵跟我一樣有長期病患或曾經吸食毒品的朋友。

本人把這三年的高山低谷，以及把生命中黑色逐漸轉變成比黑色更美麗的顏色的過程寫出。文章中每一節就是每一次不同的轉變，由得知自己得到這長期病，出院後沒有悔改的再次吸食毒品，又兩次再染上其它病毒。再狠狠的把從前的一切放下，像 reset（重設）一般的經歷，當中有很多正面的力量，醫護人員、家人、朋友及社區組織，他們沒有因我的長期病患或吸食毒品而離開我，反而把我扶起來，希望此文可啟發大家的正面能量（放低、堅持、感恩）。

一、夢醒時分

2012 年的某一日，當我夢醒的時候，我用力的張開眼睛只見到一片黃色，口內插着呼吸機的喉管，手腳亦給紮着；誰知我已睡了 16 天，差一點就歸於塵土。一把護士（鍾姑娘）的聲音對我説：「你得到了一個長期病，而我們醫院內有一些特效藥可以幫你，你會不會嘗試？」我因當時插着喉管不能説話，只能輕輕點頭示

愛·生命 說·故事

意，且流下兩行眼淚；而另一把護士（歐姑娘）的聲音跟我説：「加油！」並拿起紙巾幫我擦眼淚；她們的舉動令我覺得我要堅持下去。

二、掙脱

在深切治療部醒後幾天，醫生説我已有好轉，只要大力呼吸，兩天後便可轉去大病房，這兩天我便每一下呼吸都是大大力的。我亦叫護士讓我落地行走，但她們説「你暫時不能行動的」。最終兩天後便轉到大病房。

後來醫生們（李醫生、林醫生）告訴我那些 CD4 及病毒指數（當時 CD4 是 15，病毒指數過百萬），用特效藥的頭三星期 CD4 沒有改變，但是病毒指數就有下降至幾萬；醫生們就開始着重尋找 CD4 沒有提升的原因，後來他們發現我身體的異樣，如口內、皮膚及淋巴，最記得醫生説一波三折，林醫生就邀請了腫瘤科許醫生來診症，原來腫瘤（卡波西氏肉瘤）來找我，於是安排我接受化療。經第一次化療後，CD4 開始上升到 350，當然化療至今仍需定期補給；醫生們都致力協助我去把問題逐一擊破。（至今 2015 年 12 月最好的一次驗血成績是 CD4 1200，病毒指數偵測不到。）

三、出得來行，預咗要還

跟我講這句話的人是曾 Sir，因之前昏迷的數十天，

心跳曾停頓 8 分鐘，要用強心針而令到部分肢體要切除，而這位護事長跟骨科醫生商討後提供了一個對我最小傷害的切肢手術，切肢只是還債的一部分。經過一年多由物理治療師及職業治療師制定的一連串康復療程，每日做不同的習作，他們每天一步一步地扶我行，我終於由十秒都站不住，直到能夠行出醫院，還能找到工作。

此後亦參加了職業治療部和專科診所合辦的生活重整課程，這課程對各學員的心態很有幫助，最後我用我已切肢的手寫出 50 頁紙的功課，很高興是第 100 班的畢業生。

四、死性不改

出院以後其實第一份工作不太順利，經常在伴侶搜尋程式尋找我的快樂時刻，Chem Fun（吸食毒品加上有性行為）對我來説，當時是極大吸引及安慰，當然啦，入院前亦因感情生活不太好而放縱過，誰不知對身體及心理已有極大傷害。這個時候生命是沒色、空白的。

五、罪與罰

出得來行預咗要還，在 Chem Fun 內我得到一時三刻的快慰，但過後帶來不同（性病）病毒，心理變差，出街時覺得每個人都在説自己，公司每個同事都針對自

己，連有人在大聲説話我都覺得是談論着我，真的是很可怕；毒品的力量還控制了我的生活，很多時候只想黏在牀上動都不想動，有時自己都不知自己想做什麼。每月還要花 $2500 左右去買毒品，吸食毒品後又不能睡。生命越來越黑；如果繼續下去，很快我便會在世界消失。

六、不能説的秘密

當我在一次覆診的時候，我對護士説出我吸食毒品和 Chem Fun 的情況，當時我相信她對我有點失望，因她們由我昏迷動都不能動，直到我康復一步一步出院回家都用心照顧着我，但我卻再次浮沉毒海。姑娘跟我説：「發現你有病，我們照幫你醫；你想戒毒我可以轉介你去，不過你可以有多少次？一定要你自己定性才可幫到你自己。」當時我每月要在 648 診所覆診一次，姑娘每次都鼓勵我説出內心的話，令我可舒緩一點，亦多謝姑娘給我的時間。這就是 story telling，可把心內的東西抒發出來。我的生命從黑暗中再有一小點一小點的光。

七、學識放低

最終我用了一個方法去離開毒品、損友、伴侶搜尋程式、Chem Fun，就是狠狠把智能手機掉落海，之後我買了一部價值 $168 的老人手機，而手機內只儲存了家人及數十個我信得過的朋友的號碼。資訊科技可

使我方便，但對我確實是一個毒害，很容易得到一些東西，如 chem 或 sex 等，亦很容易被黑，如人家可在 Facebook 發現你在哪，做了些什麼，好的就是分享給個 like，不好的是給你一個「狠狠的毒舌」。有時人心比毒品還毒，相信大家都在新聞內看到吧。放下手機及科技，當機立斷；所有顏色慢慢消失。

八、Reset（重設）

相信每個人都試過 reset 手機、電腦等，學識放低後，我就開始 reset 人生，所有事物重新開始，感覺有點似由一張白紙重新開始過，以前的一切便隨它吧。

九、堅持

Reset 後，我找到新工作，在新同事、家人、朋友及醫護人員的支持下，我終於可以渡過到最容易重覆犯錯的頭一年，這一年我多數時間都在努力工作，間中和朋友飲茶，回家和家人食飯，自己一個去做運動，原來生活就是這麼簡單，而且穩定及堅持自己的生活模式才可以幫助有需要的人或照顧別人，如自己的心態都大亂，怎能如此？所以堅持是很重要的。

十、感恩

每日都抱着感恩的心，令我每日都有正面的力量，亦感到世界仍是美好。

感謝新工作給我的成功及成就感；感謝醫護人員這幾年的耐性，沒有歧視中關懷，醫護人員不但維護着人的生命，亦維護着人道的尊嚴。感謝用心用力的社區組織，我在再次犯錯期間有繼續幫助機構做義工，但因我覺得自己做的事太錯，所以拒絕拿當期的義工獎，最終機構以其他方法把獎給我，給我無比的鼓勵。感謝家人知道我得到這長期病後，仍每日站在我身旁，愛護我；感謝我認識多年的朋友，這幾年對我的問候及陪伴。世界上要感恩的多的是，正面的東西比負面的更多；愛你的人，比害你的人多；最後都感謝一下自己努力的堅持。以上所有的一切令我再次有另一個我及新生命。

十一、期望

期望我能再次以正能量影響別人，工作上亦能回饋社會；人人都能正確的使用資訊科技，世界多點笑聲；而愛這個東西有時是不用説出口。現代對這長期病沒有歧視，後代零感染。

消除對愛滋病的歧視

歧視可定義為針對特定族群的成員，僅由於其身分或歸類，而非個人特質，給予不同且較差的對待。

「愛滋病」這三個字往往跟好一些負面特質，例如「不負責任」、「性濫交」和「不檢點」等連繫在一起，大眾也傾向對這些病人嗤之以鼻。然而，根據聯合國的資料，在 2017 年，全球有 3690 萬名活着的受愛滋病感染人士。這三千多萬人之中，有男有女，有老、中、青甚至兒童，更包括了專業人士、勞工階層以至家庭主婦和學生。說到底，這個病可以在任何一個人身上發生。甚至有些病患者，在得知自己受感染前，也曾帶着對愛滋病的一些負面看法和偏見。當他們確診後，更加苦不堪言，活在自疚和痛苦之中。為何我們要為自己、為別人扣帽子呢？病就只是一個病，別要加上任何的道德批判。讓我們以一顆平常心來看待自己、看待別人吧。

■ 伊利沙伯醫院於 1985 年開始為愛滋病患者提供住院和門診服務

■ 專科診所曾經座落於已拆除的舊專科門診大樓（1985-1997）

舊專科診所位於日間醫療中心（1997-2017）

舊專科診所一角

1997 年非常榮幸邀請何大一博士出席於醫院舉辦的研討會

醫護熱烈參與研討會

研討會的海報展板

■ 愛滋病服務組於 2002 年獲得
醫院管理局頒發傑出團隊獎

■ 愛滋病服務組定期安排臨牀會議和培訓

■ 2004 年於醫院舉辦愛滋病抗藥性工作坊，
亞洲多國醫生參與培訓。

First HIV Nursing Workshop

2-3 September, 2005

QUEEN ELIZABETH HOSPITAL
HONG KONG

2005 年首度舉辦護士工作坊，內地、台灣和本地護士踴躍參加。

2013 年病人小組參加表達藝術治療

《傳愛雙城》

請柬

雖然身處在不同的國家，卻生存在同一天空下！
大家面對相同的問題，亦需要社會同等的關注！
這就是《傳愛雙城》背後的原動力…

We Serve We Care We Love

2013 年舉辦《傳愛雙城》活動，把愛心和鼓勵送到遠在柬埔寨受到愛滋病病毒感染的孤兒。

《傳愛雙城》活動攝影展覽

■ 2016 年醫護團隊視察將近完成的專科診所

■ 專科診所於 2017 年搬進新建的 T 座日間醫療中心新翼

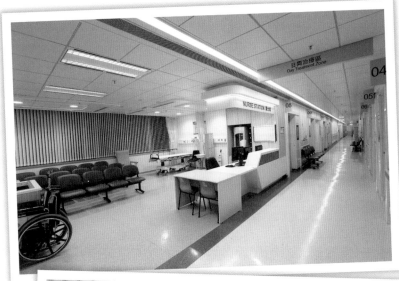

新專科診所一角

提供愛滋病病毒抗體測試服務的
機構和組織

衞生署

愛滋熱線	2780 2211
社會衞生科診所	

社區組織

支援社	3116 7204
青鳥	2770 1002
關懷愛滋	2394 6677
香港小童群益會性向無限計劃	5633 9699
再思社區健康組織	3188 9024
香港愛滋病基金會	2513 0513
姐姐仔會	9552 7520
午夜藍	2493 4555
香港彩虹	8108 1069
愛滋寧養服務協會	6730 8050
香港善導會	2323 3983 / 8206 9922
青躍 - 青少女發展網絡	2302 0068

資訊來源：衞生署網站

伊利沙伯醫院編著組	：李文寶、于寶珠、陳姍、黃可兒
採訪及撰文	：陳勝藍
責任編輯	：周詩韵
封面及美術設計	：簡雋盈
醫療資訊撰寫	：李文寶、林緯遜、鄺芷珊、陳淑櫻、 陳詠詩、于寶珠、陳姍、陳詩雅、 區倩雯、陳嘉倫、劉景恒
插畫	：梁綽裕
照片	：伊利沙伯醫院提供
出版	：明窗出版社
發行	：明報出版社有限公司 香港柴灣嘉業街 18 號 明報工業中心 A 座 15 樓
電話	：2595 3215
傳真	：2898 2646
網址	：https://books.mingpao.com/
電子郵箱	：mpp@mingpao.com
版次	：二○二○年二月初版
ISBN	：978-988-8525-58-4
承印	：美雅印刷製本有限公司